# ちょっとのコツで けっこう幸せになる 自炊生活

自炊はもっと
簡単に考えていい

自炊は
「自分の帰る場所」を
つくること

ちょっと残った味噌汁は翌日おじやにアレンジ
注いだだけ味噌汁
湿気た焼き海苔は味噌汁にイン!

## 私の自炊日記の一部をご紹介します

**1** 大葉を入れた納豆ごはんに、かちゅー湯(18 ページ)を合わせて。**2** チキンステーキに、あさりとねぎの味噌汁を組み合わせた一汁一菜ごはん。**3** 残った味噌汁に冷凍していたごはんを投入して、味噌雑炊にリメイク。**4** いかの南蛮漬けになめこの赤だし、白いごはん。赤だしとは、豆味噌を使った味噌汁のこと。味噌が 2 種類くらいあると、味噌汁生活もちょっと楽しい。**5** インスタントのトマトスープに、スクランブルエッグトーストを。**6** しらすごはんと白菜と油揚げの味噌汁。**7** 穴子ごはんに、サラダ感覚の具だくさん味噌汁を合わせて。**8** かんぱちの漬け丼と海苔の味噌汁。**9** クレソンたっぷりの塩豚チャーハンにかぼちゃのポタージュで、大満足なごはん。

| | | |
|---|---|---|
| 3 | 2 | 1 |
| 6 | 5 | 4 |
| 9 | 8 | 7 |

鶏ガララーメンは、私のゼイタクめし
残った白身はスープにイン
黄身だけ使って
トーストとコーヒーも一汁一菜

**10** きんぴらごぼう、揚げ出し豆腐の赤だしにごはん。味噌汁に大豆製品を入れると満足度高し。**11** さけおむすびととうもろこしの玉子スープ。**12** 鶏がらから取ったスープでラーメン（131 ページ）。菜の花をのっけて。**13** ブロッコリーとしらすのパスタ、きのこのトマトスープ。しらすは冷凍して常備しています。**14** まぐろの薬味あえとレタスと玉子の梅スープで一汁一菜。**15** グリンピースごはんにしいたけとれんこんの味噌汁。**16** 目玉焼きトーストにコーヒーで朝ごはん。**17** 韓国海苔ごはんと青菜、にんじん、しめじの味噌汁。あまり野菜活用ごはんでも、結構いい感じ。**18** あじときのこの南蛮漬けにあさりの味噌汁。「漬けておく」おかずは、作りおきができて便利です。

| | | |
|---|---|---|
| 12 | 11 | 10 |
| 15 | 14 | 13 |
| 18 | 17 | 16 |

煮物の残り汁は
炊き込みごはんにアレンジ
冷凍小籠包をスープにイン！
大根の葉は捨てずに炒めものに
ブリのアラから出汁をとって
味噌汁に

**19** さけごはんにオクラとみょうがの味噌汁。ごはんに＋αすると、2品でも満足。**20** とうもろこしの玉子焼き、炊き込みごはん、あおさの味噌汁。**21** 鶏がらスープラーメン。今度は蒸し鶏のせ。**22** 鯛のお刺身、小籠包とチンゲン菜のスープ、湯葉丼。この日はちょっと心が躍るぜいたくメシ。**23** ベーコンエッグ味噌汁とごはん。卵入りの味噌汁、よく作ります。**24** 大根葉のじゃこ炒め、わかめとたけのこのスープ。**25** 目玉焼きごはんと冬野菜の豚汁。時間がない日も、これで栄養バッチリ。**26** 菜の花とあさり、いかの蒸し物と、ぶりのアラ出汁の味噌汁で一汁一菜。**27** おからの炒め煮にごはん、かちゅー湯。「映えない」メニューだけど、これがまたおいしい。

| | | |
|---|---|---|
| **21** | **20** | **19** |
| **24** | **23** | **22** |
| **27** | **26** | **25** |

味噌汁はカット野菜を使って

なすの揚げびたしを冷し中華にアレンジ

昨日のアクアパッツァがカレーに変身!

**28** 豚バラ肉とごぼうの煮物にグリンピースとごま豆腐の赤だし。白ごはんが進む!　**29**「どんだけ好きなの」という感じですが、またまた納豆ごはん、カット野菜で作った味噌汁。本当に時間がない日はこんなごはんで十分。**30** 焼きざけ、豆腐となめこの味噌汁で、しみじみ系ごはん。**31** 大葉入り納豆ごはんに大根と油揚げの味噌汁。**32** じゃこと山椒じょうゆのごはん、なすと油揚げの味噌汁。**33** なす入りしょうが焼き、大根と油揚げの味噌汁、ごはん。**34** アクアパッツァ（135 ページ）の残りにルーを投入してカレーにリメイク。**35** あかむつの干物で一汁一菜。残っていた昨日の味噌汁に豆腐＆ねぎをプラス。**36** 漬けておいたなすの揚げびたしを、中華麺にオン!

| | | |
|---|---|---|
| 30 | 29 | 28 |
| 33 | 32 | 31 |
| 36 | 35 | 34 |

# はじめに

こんにちは。「自炊料理家」の山口祐加と申します。自炊をする人をひとりでも増やしていくために活動する料理家で、料理初心者に向けての料理教室「自炊レッスン」を主宰しています。

「最近家にいることが多くなったので、料理を始めてみたいけど、何から手をつけていいのか分からない」
「レシピが覚えられなくて、毎回料理本を見返すのが疲れてしまう」
「毎日忙しいし、食材も使いきれなくて、料理が続かない」

この本は、そんな「自炊のお悩みを抱える初心者や苦手な人」に向けて、気軽に自炊を始めて、楽しく続けるための「考え方」を提案する本です。シンプルで簡単な料理から始め、食材の組み合わせ方のコツ、調理法のポイント、最終的にはおもてなしにも使えるお楽しみ料理まで、少しずつステップアップしていけるように構成しました。

料理というと、出汁の取り方、下処理の方法、野菜の切り方など、とにかくたくさん覚えないと……と、身構える人が多いようです。けれどまず大切なのは、手を動かして始めてみること。注ぐだけでできるスープ、カット野菜の活用、丸ごと焼いただけの野菜など、特別な技術はなくても、手間をかけなくても、「おいしい」は誰の手にも届く距離にあります。

私は外食も大好き。自分では作らない手間のかかった料理を味わい、お店の雰囲気にひたる楽しさは格別です。でも毎日外食だと、お財布も体もついていきませんよね。自炊なら、食べたい食材を好きなだけ入れて、好みの調理法で、好きな味付けで食べることができます。野菜を油で焼いて、塩をふっただけのものを無性に食べたくなる日もありますが、そんな料理は外では食べることができません。

最少の手数で、シンプルに味付けして、素材の味が感じられる料理。そんな何気ない、心底ホッとする「家でしか食べられないごはん」こそ、私たちが帰るべき場所だと思うのです。

家に帰ってきて、自分のごはんに顔がほころぶ。それだけで、何にも代えがたい安心感が生まれ、暮らしを支える土台になると思います。この本が、そんな生活のきっかけになることを願っています。

自炊料理家／山口祐加

もくじ

【この本の決まりごと】

・大さじ1は15㎖、小さじ1は5㎖。すりきり一杯の量です。
・フライパンはテフロン加工のもの、電子レンジは600wのものを使用しています。
・トマトは主にミディトマトを使っていますが、ミニトマトでもOK。その場合は1～2個増やしてください。
・材料の状態や体調によって、調理時間や味付けは、ご自分の好みで調節してください。
・野菜を洗ったり、ヘタを取るなどの工程は省いています。適宜行ってください。ちなみに皮は、傷があったり古くなっていたりしない限り、私はむかないことが多いです。お好みで行ってください。
・出汁は顆粒出汁や出汁パックなど、お好みのものを使ってください。
・「油」とだけ記載している場合は、サラダ油や米油などクセのない油を使うほうがベターですが、ない場合はごま油やオリーブオイルでもいいです。

撮影／土田凌
デザイン／高橋朱里（マルサンカク）
編集・構成／田中のり子
編集／別府美絹（エクスナレッジ）

# 味噌汁は出汁を取らない、スープは煮込まない

◉「出汁信仰」から
自由になってラクになれる

◉手軽に作れるから、
毎日続けられる

◉気軽に自炊習慣をつける、
いちばんの近道

味噌汁といえば、出汁取りが面倒くさい。そんな風に思っていませんか？手順が面倒そうだし、昆布や煮干しは1袋買うと結構な量が入っていて、使い切るのも大変そう。でも味噌汁って、すごくいいものなんです。体が温まるからホッとするし、味噌はアミノ酸やビタミン類が豊富で昔から食べられている健康食品です。そして野菜はもちろん、卵や肉、魚、ソーセージやベーコンだって、たいていの素材を受け止めてくれる偉大なプラットフォームなのです。家ごはんの基本といえば、やっぱりごはんと味噌汁。自炊習慣をつけるには、味噌汁から始めるのがいちばんの近道だと私は思います。

そこでまずおすすめなのが、「出汁を取らなくてもいい味噌汁」。いちばん手っ取り早い「かちゅー湯」（18ページ参照）は、かつおぶしと味噌にお湯を注ぐだけ。蒸らしたりする時間がないのでコーヒーや紅茶を入れるのより手軽です。ポイントは、具材に素材自体からおいしい出汁が出るものを使うこと。ブロッコリー、トマト、しらすなんかを使えば、わざわざ出汁を取らなくても、充分おいしい味噌汁が作れます。ぜひ作って、味わいを確認してみてください。

そしてスープも同じように、うま味素材を使えばコトコト長時間煮込まなくても、おいしい一品ができます。温かい汁物から始まる1日って、何だかとってもいいものですよ。

味噌とかつおぶしを入れてお湯を注ぐだけ、これも立派な味噌汁。沖縄のソウルフードで、私はカフェオレ感覚で愛飲しています。

## かちゅー湯

［材料］ 1人分

かつおぶし…ふたつまみ
味噌…大さじ1
カットねぎ…適量（なくてもよい）

1 200㎖の湯を沸かす。

2 お椀にかつおぶし、味噌、カットねぎを入れ、⅓の湯を注いで味噌を溶く。残りの湯を注ぐ。

うま味が強い野菜なら、ゆで汁そのものが出汁として使えます。ゆでたら、試しに味噌を溶いてみよう。野菜は驚くほど味が出るのです。

## ブロッコリーと玉子の味噌汁

［材料］ 1人分
ゆでブロッコリー…5個
卵…1個
味噌…大さじ1

**1** ブロッコリーをゆでたお湯を取っておき、鍋にゆで汁200㎖を入れて沸かす。卵を溶いておく。

**2** 沸騰したらブロッコリーを入れる。再度沸騰したら溶き卵を2回に分けて入れ、そのつどふわっと混ぜる。火を止め、味噌を溶く。

※うま味が足りなければ、かつおぶしを適量加える。

ブロッコリーは房と茎の部分に分け、まわりの細い枝は落とす。

茎の付け根部分に包丁で切り込みを入れ、割くようにして小分けにしていく。

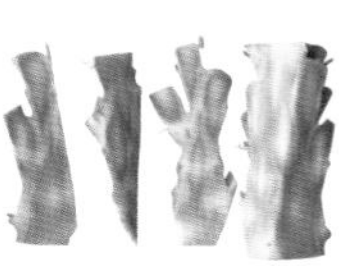

茎は厚めに皮をむき、好みの大きさに切って炒め物やスープに活用して。

## 湿《しっ》気《け》た焼き海苔と豆腐の味噌汁

海苔が湿気たら、味噌汁にしちゃいましょう。海藻仲間の海苔も、昆布のように濃い出汁が出ます。

［材料］ 1人分
豆腐…¼丁（約70g）
焼き海苔…適量
かつおぶし…ふたつまみ
味噌…大さじ1

1 鍋に200mlの湯を沸かす。豆腐は食べやすいサイズに手でちぎる。

2 沸騰したら豆腐を入れる。再度沸騰したら火を止め、焼き海苔、かつおぶしを入れ、味噌を溶く。

豆腐は手でちぎると食感が立ち、溶けた海苔ともからみやすくなります。

## しらすとトマトの味噌汁

しらすはイノシン酸、トマトはグルタミン酸。どちらもうま味成分がたっぷりで、味噌との相性も抜群です。

［材料］ 1人分
しらす…ひとつまみ（約15g）
ミディトマト…3個
味噌…小さじ2

1 鍋に200mlの湯を沸かす。トマトは半分に切る。

2 沸騰したらトマトとしらすを入れる。再度沸騰したら火を止め、味噌を溶く。

長野の郷土料理に「さば缶の味噌汁」があります。
ヤングコーンで食感にアクセントをつけて。

## さば缶とヤングコーンの味噌汁

［材料］1人分

さばの水煮缶…½缶（約50g）
ヤングコーンの水煮…1パック（約100g）
味噌…大さじ½

1 鍋に200㎖の湯を沸かす。ヤングコーンは半分に切る。

2 沸騰したら汁けをきったさば缶をほぐしながら入れ、ヤングコーンも入れる。再度沸騰したら火を止め、味噌を溶く。

※あまったさば缶の半分は、「さば缶とねぎの混ぜうどん」（40ページ）などに活用して。

料理初心者に絶対おすすめの素材、さつま揚げ。
そのまま食べるのもよし、味噌汁の具としても優秀。

## さつま揚げと長ねぎの味噌汁

［材料］1人分

さつま揚げ…2枚
長ねぎ…½本
味噌…小さじ2

1 さつま揚げ、長ねぎは1㎝幅の斜め切りにし、鍋に入れてあまり動かさずに中火で2分ほど焼き、焼き目をつける。

2 水200㎖を加え、沸騰したら火を止め、味噌を溶く。

焼き目をつけると、「香ばしさ」という味がプラスされ、風味がアップします。時間がなければ焼かなくてもOK。

ツナも立派なうま味素材で、ストックしておけばすぐ使えます。こしょうを効かせると新鮮な味わいに。

## ツナとねぎの味噌汁

［材料］　1人分

ツナ缶…½缶（約35g）
カットねぎ…大さじ2
味噌…小さじ2
こしょう…適量

1 お椀に材料すべてを入れ、沸騰した湯200㎖を注ぎ、混ぜる。

※あまったツナ缶の半分は、「ツナ缶とオクラ、パクチーのサラダ」（38ページ）などに活用して。

お手軽練り製品・カニかまからも立派な出汁が。大葉でさわやかな風味をプラスします。

## カニかまと大葉の味噌汁

［材料］　1人分

カニかま…3本
大葉…2枚
味噌…小さじ2

1 カニかまはほぐす。大葉は適当な大きさにちぎる。

2 お椀に材料すべてを入れ、沸騰した湯200㎖を注ぎ、混ぜる。

**保存方法**

大葉は湿らせたティッシュを底に入れたグラスに立てて入れ、ラップをかけて冷蔵保存すると長持ちします。

# レタスとごまの鶏レモンスープ

ちょっとだけのこりがちなレタスも、即席スープにするとぺろっと食べられます。シャキッと感がほんのり残りつつ、少しくたった加減でどうぞ。

［材料］ 1人分

レタス…お椀に入る量（約40g）
鶏ガラスープ（顆粒）…小さじ½
レモン果汁…数滴
塩…ひとつまみ
ごま油…小さじ½
ごま…適量

**1** 器に材料すべてを入れ、沸騰した湯200mlを注ぎ、混ぜる。

レタスはお湯を加えると、かさがけっこう減るので多めに入れてOK。

# 豆苗と塩昆布のオリーブオイルスープ

塩昆布は「昆布出汁＋塩」なので、スープに活用しない手はありません。オリーブオイルを加えると、うま味のアクセントになります。

［材料］ 1人分

A 豆苗…¼パック（約20g）
塩昆布…ひとつまみ（約5g）
オリーブオイル…小さじ½

塩…適量

❶ 豆苗は食べやすいサイズに切る。

❷ 器に材料Aを入れ、沸騰した湯200㎖を注ぎ、混ぜる。塩で味を調える。

このレシピ、市販の「わかめスープ」とほぼ同じ味わい。
自作すれば、わかめもねぎも、お好みで増量可能！

## わかめとねぎの鶏ガラスープ

［材料］ 1人分

**A** 乾燥わかめ…ひとつまみ（約3g）
　カットねぎ…大さじ2
　鶏ガラスープ（顆粒）…小さじ½
塩…適量

**1** 器に材料**A**を入れ、沸騰した湯200㎖を注ぎ、混ぜる。塩で味を調える。

トマトを生とジュースで組み合わせ、うま味に深みを持たせました。
レンジまかせでおいしいスープのでき上がり！

## ダブルトマトのスープ

［材料］ 1人分

ミディトマト…2個
トマトジュース…100㎖
コンソメ（顆粒）…ひとつまみ（約1g）
塩…適量
オリーブオイル…適量

**1** トマトは4等分に切る。耐熱容器に材料すべてと水50㎖を入れ、電子レンジで2分加熱する。塩で味を調える。

**2** 器に盛り、オリーブオイルをまわしかける。

# 「火を使わない料理」から始めてみる

- 火が苦手な人、不慣れな人も手軽にできる
- 油汚れ、吹きこぼれなしなので、キッチンの掃除がラク
- 短時間でさっとできるのに、おいしい

自炊生活を始めようと思ったとき、長く続けていくためには、最初にあまり張り切りすぎないことが大事です。そこで、まずはコンロを使わない料理2〜3品から始めてみてはいかがでしょうか。「火を使わない料理」＝「サラダ」という思い込みを持っている人が多いのですが、それ以外にも、「切って、のっけるだけ」「切って、混ぜるだけ」でも、ちょっとしたおかずは作れます。「うま味素材を使う」「塩もみして、素材の水分を抜く」「薬味で風味を足す」などのポイントさえきちんと押さえれば、生でもかなりおいしくなります。手間や時間はほとんどかからないのに、「おいしい」のリターンが大きい。つまりめちゃくちゃ「コスパがいい料理」。料理を始めていくときに、「手間をかけないと、おいしいものは作れない」という思い込みは、できるだけ取り外していきましょう。

「自炊レッスン」でも、火を使わない料理をお教えすると、「え？　これだけでいいんですか？」「5分も経っていないですよ」「こういうのも料理なんですね」と、みんな肩の荷が下りたような顔をして、笑顔になります。外でお惣菜を買ってきた日も、家でささっとこんな料理を一品プラスできれば、それだけで「わが家の食卓」になるように思います。

混ぜて、のっけるだけで
絶品料理の完成!

カットしたお刺身を活用すれば2分で完成、でも本格派の味わい。残った卵の白身は、スープなどに入れて活用しましょう。

# まぐろユッケ

［材料］ 1人分

まぐろの刺身…150g
大葉…3枚
卵黄…1個分
A しょうゆ…大さじ1
　みりん…小さじ1

1 まぐろは1cm幅に切ってボウルに入れ、Aとあえる。

2 器に1を盛り、細切りにした大葉、卵黄をのせる。

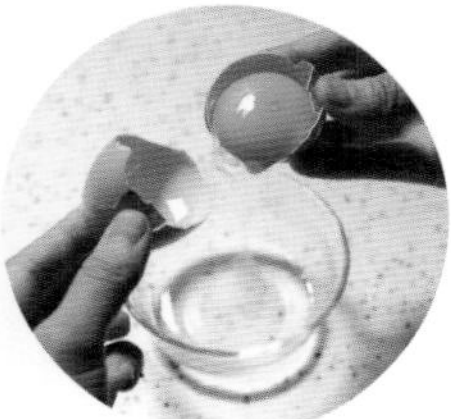

深さのある器を準備して卵をそっと割り、片方の殻に黄身を残すようにして、白身を器に落とします。黄身を殻から殻へ静かに移動させながら、残りの白身も落として。

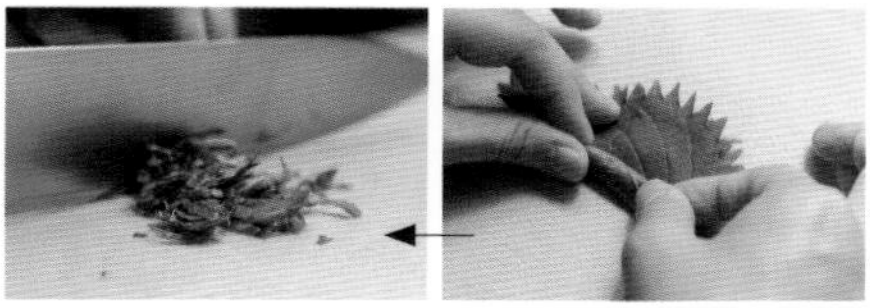

大葉は何枚か重ねて、くるくると巻いてからせん切りにすると、切りやすい。面倒な人は手でちぎって。

つぶしますよ～

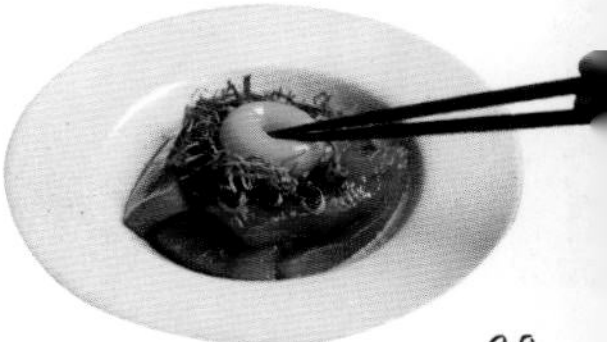

豆腐は白いキャンバス。気になるうま味素材は何でものっけよう。ザーサイ＋かにかまのトッピングは、白ごはんにのせてもおいしい。

# ごちそう冷奴

［材料］ 1人分

木綿豆腐…½丁

**A**
ザーサイ…40g
かにかま…4～5本
カットねぎ…適量
しょうゆ…小さじ½

ごま…適量

**1** かにかまはほぐす。ボウルに**A**を入れ、あえる。

**2** 器に豆腐を盛り、1をのせる。

＼たっぷりのせてめしあがれ♪／

「塩＋ごま油＋にんにくチューブ」で、
何でも韓国おかずのナムルに。
生で食べられる野菜で、いろいろ試してみましょう。

# トマトとカットねぎのナムル

［材料］　1人分

ミディトマト…4個
カットねぎ…適量
塩…ひとつまみ
ごま油…小さじ1
にんにく（チューブ）…2cm分

**1** トマトは半分に切る。

**2** ボウルに材料すべてを入れ、あえる。

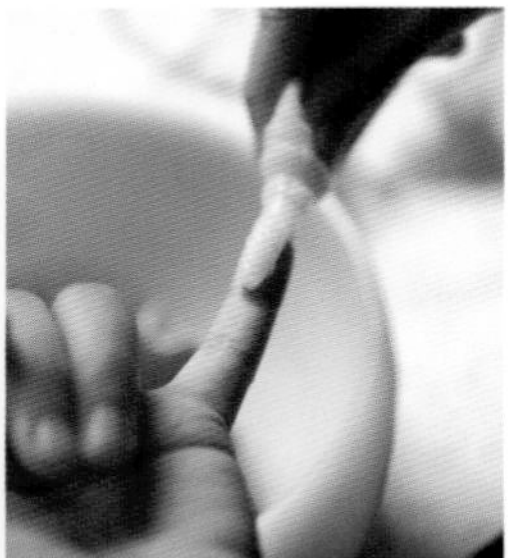

私の場合、小指の第一関節までが約2cm。一度物差しで計っておくと便利です。

素材に塩をふってかるくもみ、水分を出してしんなりさせる「塩もみ」。かさが減って食べやすくなり、うま味も立ち、調味料のからみもよくなります。

# 塩もみかぶと生ハムのサラダ

［材料］ 1人分

かぶ…1個（約100g）
生ハム…2枚（約20g）
大葉…2〜3枚
**A** 塩…ひとつまみ
レモン汁…小さじ½
オリーブオイル…小さじ1

**1** かぶは縦半分に切り、さらに5㎜幅の薄切りにする。ボウルに入れ、塩を加えて軽くもんで5分おく。生ハム、大葉は食べやすいサイズにちぎる。

**2** キッチンペーパーでかぶ表面の水けを拭き、生ハム、**A**とあえる。器に盛り、大葉を散らす。

出た水けは軽く絞っておくとよい。きゅうりや大根、なすなどが塩もみにおすすめ。

# カット野菜を味方につけてみよう

- スーパーやコンビニなど、どこでも手に入りやすい
- 均一に切られているので、料理の仕上がりもきれい
- いろんな野菜がミックスされているので、栄養面もうれしい

仕事が忙しく、家に帰っても料理を作る時間や気力がない。そんな人に声を大にして言いたい。「カット野菜」を使いまくろう！　料理って、皮をむいたり、食べやすい大きさに切ったりと、野菜や肉などの材料を下ごしらえするのに時間がかかり、かつそれが「面倒」と感じる大きな要因なのです。でもスーパーの野菜売り場をよく見れば、目立たない場所でカット野菜が売っているはず。最近はどこのコンビニでも、たいてい見かけます。「私の代わりに誰かが、面倒な野菜切りを済ませておいてくれた！」と、ありがた～く、活用させてもらいましょう。手抜きしているとか、変な罪悪感を覚える必要は、まったくありません。

さらにカット野菜のすばらしい点は、いろんな種類の野菜が入っているところ。野菜炒め用のカットミックス野菜は4～5種類入っている場合も。これを1個1個単品で買うことを考えると、かなりリーズナブルです。もちろん栄養面でもうれしいですよね。そこにこま切れ肉があれば、フライパンで一緒に炒めて塩味をつけると、豪華なおかずが完成。鍋で煮て、味噌を入れれば、立派な豚汁のでき上がり。そうそう、カットねぎも1パックあると、味噌汁、納豆、冷奴などマルチに使えるほか、買ったお惣菜にのせるだけで一気に料理感が増して便利ですよ。

カットねぎも
あると便利！

野菜と肉が入った豚汁があれば、あとはごはんを炊くだけで立派な献立に。豚肉は火が入りやすい、薄くて脂身がある豚バラ肉がおすすめ。

# 野菜たっぷり豚汁

［材料］ 1人分

カット野菜ミックス…⅓袋（約160g）
豚バラ薄切り肉…50g
味噌…大さじ1

1. 鍋に200㎖の湯を沸かす。豚肉は食べやすいサイズに切る。
2. 沸騰したら豚肉、カット野菜を入れる。2分ほど煮て全体に火が通ったら火を止め、味噌を溶く。

※カット野菜ミックス1袋、豚バラ薄切り肉150gを買えば、この豚汁と隣ページの「レンジ蒸し」2品が作れて、材料も使い切れます。

ちょきちょき

豚肉はキッチンばさみで切って直接鍋に入れれば、まな板いらずで料理が完成します。

右ページの豚汁とほぼ同じ材料でできてしまう、お手軽おかず。交互に重ねてレンジで加熱すると、肉のうま味がじんわり野菜に移ります。

# 豚バラと野菜のレンジ蒸し

［材料］ 1人分

カット野菜ミックス…⅔袋（約80g）
豚バラ薄切り肉…100g
酒…大さじ1

1 耐熱容器にカット野菜と豚肉を交互に重ねて入れ、上から酒をふりかける。

2 ふわっとラップをかけ、電子レンジで4分加熱する。

※ポン酢、酢じょうゆ、ごまドレッシング、焼き肉のタレなどお好みのタレをつけていただく。

野菜→肉→野菜→肉の順番に。肉同士が重ならないように、ずらして並べます。

# 「缶詰＋α」で、立派なおかずが作れます

- 長期保存可能なので、賞味期限をあまり気にしなくていい
- 気軽にたんぱく質をとれるから、栄養面で心強い
- 肉にかたよりがちなメニューにバリエが広がる

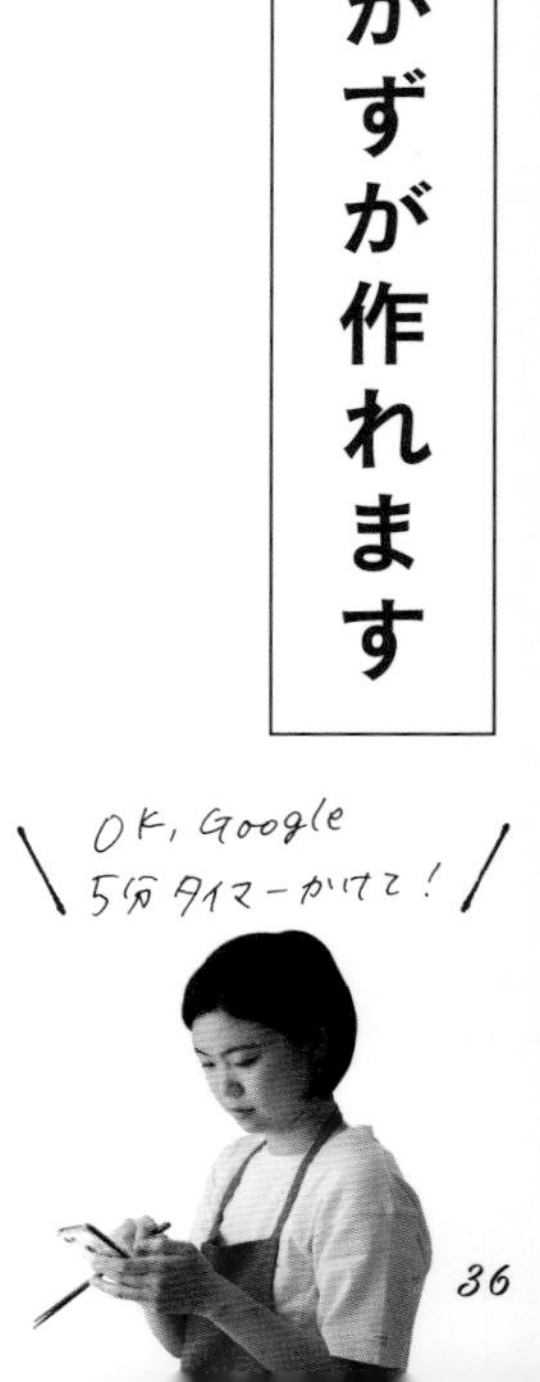

缶詰って本当にすばらしい。開ければそのまま食べられるし、賞味期限が平気で2年くらい持つうえ、常温保存が可能。毎日が忙しくてなかなか買い物に行けない人に、すごくありがたい存在です。数個常備しておけば、非常時にも安心だし、特に魚の缶詰で水煮なら無添加のものが多く、新鮮なうちに缶詰めされていて、実は健康的。女性は貧血気味の人も多いので、たんぱく質や鉄分の補給にも心強いですよね。

そしてもうひとつ、大きな利点としてあげたいのは、「魚料理へのハードルをめちゃくちゃ下げてくれる」ところ。魚を食べたほうが健康にいいのは分かっていても、お刺身ばかりだとお財布が厳しいし、切り身も何だか面倒そうだし、焼き魚くらいしか思いつかない。そんな風に思っている人でも、缶詰はすでに半調理（火が通っている）されているから、火加減はあまり気にしなくていいし、骨も丸ごと食べられるものばかり。野菜や調味料を加えて少しアレンジするだけで、おいしいおかずがいろいろと作れるんです。

料理初心者はどうしても、メニューが肉にかたよりがちです。「魚も食べたいなあ」と考えている人は、まずは手軽な缶詰から始めてみるのはいかがでしょうか。

# ツナ缶とオクラ、パクチーのサラダ

ツナのうま味、オクラの歯ごたえ、パクチーの風味が一体となったボリュームサラダ。パクチーがなくても、カットねぎやスプラウトなど、お好みの香味野菜でOK。

［材料］　1人分

ツナ缶（ノンオイルタイプ）…½缶（約35g）
オクラ…1袋
**A** オリーブオイル…小さじ2
　レモン汁…小さじ1
　塩…少々
パクチー…適量

**1** オクラは熱湯で30秒ほどゆでて、ざるに上げる。ヘタを切り落とし、半分に切る。

**2** ボウルに1、汁けをきったツナ缶、**A**を加え、軽くあえる。器に盛り、ざく切りにしたパクチーをのせる。

※ツナ缶がオイルタイプだったら、オリーブオイルは加えないでよい。

オクラは袋のネットごと軽くもむように水洗いすると、ちくちくするうぶ毛が取れます。

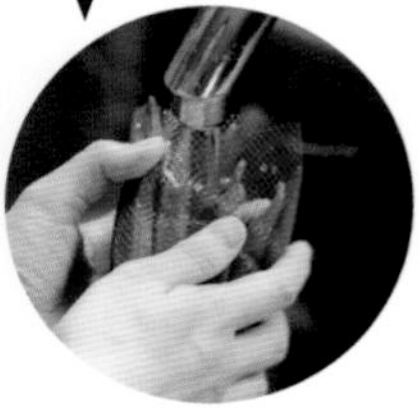

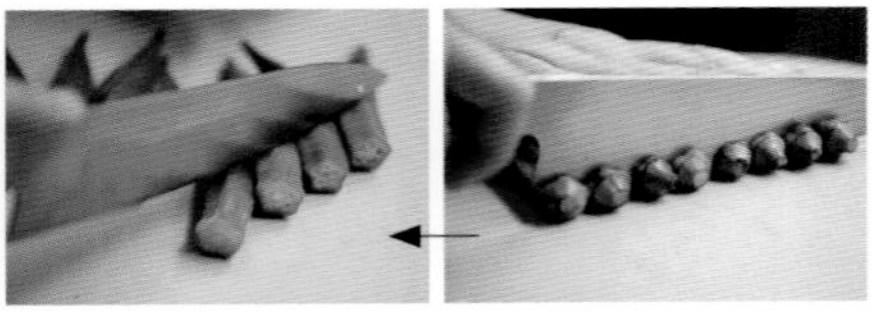

料理初心者は、ヘタは切り落としてOK。横に並べてまずヘタを落とし、斜めにずらして切れば、4本くらい一気に切れます。

# さけ缶と薬味の出汁とじ丼

さけ缶の汁のうま味をそのまま出汁として活用した、玉子とじ丼。お茶漬けのような、ホッとする味に仕上がります。

［材料］　1人分

さけ缶（水煮）…1缶（約180g）
卵…1個
三つ葉…4～5本（他の薬味でもOK）
炊いたごはん…茶碗1杯強
しょうゆ…小さじ1

**1** 鍋にさけ缶を汁ごとと水50㎖を入れて火にかける。その間に卵は割りほぐし、三つ葉はざく切りにする。

**2** 沸騰したらしょうゆを加え、卵半量を加えて30秒ほど加熱する。残りの卵を加えて火を止め、三つ葉を入れてふたをし、1分ほど蒸らす。

**3** 器にごはんを入れ、②をのせる。

さけ缶は鍋に入れたあと、フォークで軽くほぐします。少し固まりを残したほうがおいしい。

# さば缶とねぎの混ぜうどん

10分もあればできる、お手軽混ぜうどん。
さっと食べたいランチにもぴったり。

［材料］ 1人分
さば缶（水煮）…½缶（約75g）
ゆでうどん…1玉
**A** ごま油…小さじ1
　めんつゆ…大さじ1
　レモン汁…小さじ1
青ねぎ…適量

**1** ボウルにさば缶を汁ごと、**A**を入れ、あえる。

**2** ゆでうどんは冷水で冷やし、よく水けをきって器に盛る。1、輪切りにした青ねぎをのせる。

青ねぎは輪ゴムを留めたまま切ると、バラつかずに切りやすいです。

# さば味噌缶となすの炒め物

なすとさば味噌缶だけで作るクイックおかず。
味付けも不用なので、何も考えたくない日はこれで決まり！

［材料］ 1人分

さば缶（味噌煮）…1缶（約150g）
なす…1本
ごま油…大さじ1

1 なすは乱切りにする。

2 フライパンにごま油、1を入れ、中火で3分ほど炒める。

3 なすがくたっとしたら、汁けをきったさば缶をくずしながら加えて弱火にし、ざっくりと混ぜながら30秒ほど炒める。

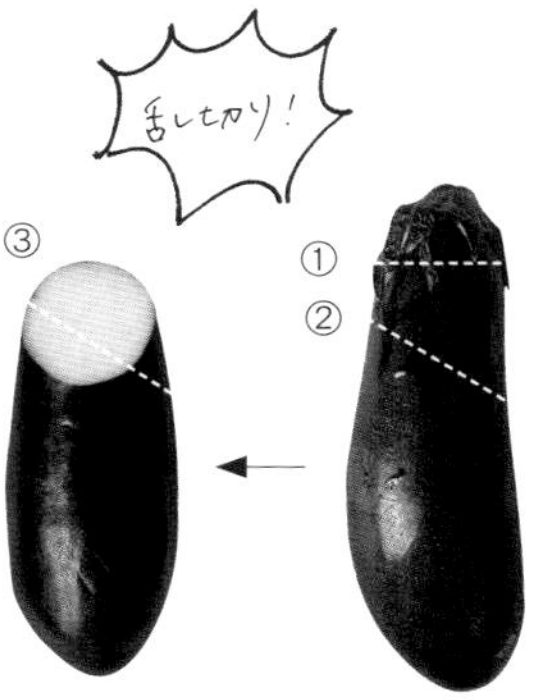


なすは①ヘタを切り落とし、②斜め45°に包丁を入れて切ります。手前に90°回して、切り口を正面に向け、③再び斜め45°に切り落とします。切る→回す→切るをくり返します。

# 「さば干物」と「塩ざけ」は、ベーコンのように使うべし

◎ 気軽に使える、
うま味が凝縮した高たんぱく素材

◎ 塩けがついているので、
ほぼ味付け不用

◎ 冷凍保存もできるので、
常備ストック可能

缶詰に続き、魚ネタです。あるとき魚の干物について考えたことがありました。きっかけは、スープ作家の有賀薫さんとの会話。「干物って和の料理にしか使えないイメージがあるけれど、サラダとかスープに使えないだろうか。山口さんが作っている、肩の力の抜けたお惣菜に入れたら楽しそう」と言われたのです。確かに干物は日持ちするからよく買っていたけど、あまりレパートリーがなく「ただ焼いただけ」となりがちでした。

干物のおいしさは、何といっても「凝縮された魚のうま味」。干すことによってアミノ酸が増え、無駄な水分もなくなり、味も濃厚に。鮮魚の焼き魚より、干物を焼いたほうがごはんが進むのは、そんな理由です。「魚の干物＝うま味が凝縮した高たんぱく質の食材」と抽象化したとき、「それって、ベーコンと同じように使えばよいのでは？」と、気付いたのです。ポテトサラダにパスタ類、キャベツと一緒にさっと煮など。「干物は、煮てもおいしいんだ」と発見し、ツイッターで発信したら、とてもたくさんの反応をもらいました。骨が少ないのでさば干物が便利ですが、あじやかますなどもおいしい。おなじみ塩ざけも、同じようにベーコンとして考えて使ってみたら、これまた便利。どちらも冷凍できるので、よく使う人は常備しておくと安心です。

ベーコンのように
パンにはさんで！

「さば干物＝ベーコン説」を体感できるのが、こんなパスタ。合わせる野菜はお好みで。レモン汁やこしょうをふっても。

# さば干物といんげんのパスタ

［材料］　1人分

さば干物…⅓枚（約60g）
さやいんげん…8本
パスタ…100g
にんにく…1片（チューブでもよい）
オリーブオイル…大さじ1
塩…適量

**1** いんげんは4㎝幅に切り、にんにくは薄切りにする。

**2** フライパンににんにく、オリーブオイルを入れ、弱火で1分ほど加熱する。香りが立ったらにんにくを取り出し、さば干物を中火で2分ほど焼く。

**3** 鍋に1ℓの湯を沸かし、小さじ2の塩を加え、パスタを袋の表示通りゆでる。

**4** ヘラで2のさば干物をほぐし、いんげんを加えてさらに2分ほど焼く。3のパスタとゆで汁大さじ2を加えて全体を混ぜ、塩で味を調える。器に盛り、取り出したにんにくをのせる。

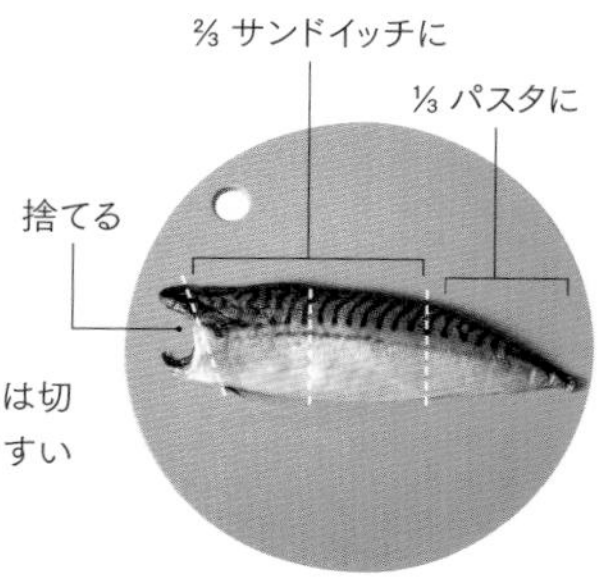


さばの干物は、固いえら回りは切り落として捨て、身を食べやすい大きさにカットして使います。

塩味と油分があるさば干物は、さっぱり野菜と組み合わせてサンドイッチにしても。ボリュームたっぷりで満足度も高し。

# さば干物のサンドイッチ

［材料］ 1人分

さば干物…⅔枚（約120g）
きゅうり…½本
大葉…4枚
食パン…2枚
オリーブオイル…小さじ1
レモン汁…小さじ1

1 さば干物は半分に切る。きゅうりは縦に薄切りにする。

2 フライパンにオリーブオイル、さば干物を入れ、両面1分半〜2分ずつ、焼き色がつくまで中火で焼く。火を止め、レモン汁をからめる。

3 食パンの片面にさばを焼いて出た汁をぬり、パン→大葉→きゅうり→さば→大葉→パンの順番で挟む。

※お弁当にする場合は、きゅうりの水分が出やすいので大葉のみで作るとよい。骨は食べながら取り出す。

さば干物は魚焼きグリルを使わなくても、フライパンで気軽に焼けます。

ジャーマンポテトといえばベーコンが定番ですが、塩ざけで代用。塩ざけの塩分とうま味を調味料として活用します。

# 塩ざけのジャーマンポテト

［材料］ 1人分

塩ざけ…1切れ（約70g）
じゃがいも…1個
玉ねぎ…¼個
オリーブオイル…小さじ1
こしょう…適量

**1** じゃがいもは皮をむき、半分に切ってから、1.5㎝幅に切る。耐熱容器に入れ、さっと水で表面のでんぷん質を流し、ラップをして電子レンジで2分加熱する。塩ざけは食べやすいサイズ、玉ねぎは1㎝幅に切る。

**2** フライパンに玉ねぎ、オリーブオイルを入れ、中火で2分ほど炒める。塩ざけ、じゃがいも、水大さじ2を加え、ふたをして6～7分弱火で炒める。1分に一度ふたを開け、具材を軽く動かす。火が通ったらこしょうをふる。

白菜と塩ざけ、豆乳の組み合わせは、ホッとしたい日におすすめ。豆乳は煮込みすぎると分離してしまうので、さっと煮で仕上げます。

# 塩ざけと白菜の豆乳クリーム煮

［材料］ 1人分

塩ざけ…1切れ（約70g）
白菜…2枚
酒…大さじ1
豆乳…50㎖

1 塩ざけ、白菜は食べやすいサイズに切る。

2 フライパンに塩ざけを入れ、中火で2分ほど焼く。表面に焼き色がついたら白菜、酒、水50㎖を加えてふたをし、中火で2分ほど煮る。

3 白菜がしなっとして火が通ったら、弱火にして豆乳を加え、30秒ほど煮て火を止める。

# お弁当作りは「おむすび1個」から始めよう

- 1分でにぎれるから、気軽に続けられる
- おかずをあれこれ考える必要なし
- お弁当箱にきっちり詰めるプレッシャーからも解放

自炊生活も何となく少しずつなじんできて、「そろそろお弁当も作ろうか」と思っている方。でも「おかずを数種類も準備するの大変そう」「みんながインスタに上げているみたいに、きれいに詰められないよ」「お弁当箱洗うの面倒だな」などなど、いろんなマイナス面も頭を駆け巡っていることでしょう。お弁当に関しても最初から頑張りすぎないで、「おむすび1個から始めては？」とお伝えしたいです。

おむすびだけなら1分あればにぎれるし、ラップに包んでにぎれば手もよごれない。具もあれこれ悩まないで、塩にぎりで充分。おかずはコンビニやスーパーで買えます。最初からおかずたくさんの華やかなお弁当を作ろうとすると、気がひけるし、続かないと思うのです。おむすびとお味噌汁を基本にして、味噌汁はかつおぶしと味噌を混ぜた「味噌玉」をラップに包んで持っていけば、会社のマグカップに入れてお湯を注ぐだけ。だんだんその組み合わせに慣れていったら、次は晩ごはんのおかずを倍量作っておき、タッパーに詰めて持っていけばいいのです。

おむすび＋味噌汁の組み合わせは外食するよりもずっと安くあがるし、コンビニ弁当を食べ続けるよりも、体にも心にも健康的。どうかエンジンを吹かしすぎないで、一歩ずつお弁当生活を始めてください。

炊き立てのごはんに塩をふって、にぎるだけのシンプルおむすび。まとめてにぎって冷凍しておけば、小腹がすいたときの強い味方になります。

## 塩むすび

［材料］1個分
炊いたごはん…茶碗1杯
塩…適量

**1** ラップを30㎝弱広げ、その上に塩少々をおむすび1個分サイズの広さにふる。その上にごはんを半量盛る。

**2** 上にさらに塩少々をふり、具を入れる場合はここにのせ、残りのごはんを盛る（好みでさらにこの上に塩をふってもよい）。

**3** ラップで包み、上から三角形にむすぶ。

**保存方法**

ラップで包んだおむすびは、常温まで冷めたらフリーザーバッグに入れ、冷凍保存に（約2週間保存可能）。解凍は食べる直前に、電子レンジで2分ほど加熱しましょう。

## 味噌玉

ラップの上に味噌大さじ1、かつおぶし適量、お好みでカットねぎ、カットわかめを置き、そのまま丸く包む。カップなどに入れ、お湯200㎖を注ぎ、混ぜていただく。

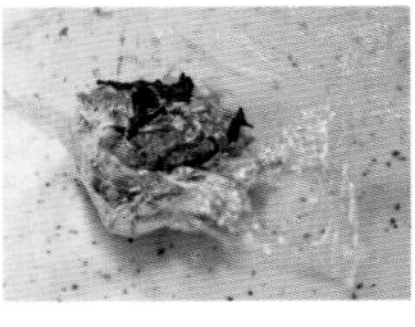

ヘトヘトに疲れた夜は、
こんな晩ごはんに心休まる。

おむすびアレンジ ❶

## おむすび茶漬け

お茶碗に梅入りおむすびを入れ、ちりめんじゃこ適量をのせ、温かい緑茶を注ぐ。ほうじ茶でもよい。

ねぎやごまを散らせば、
満足度の高い味わいに。

おむすびアレンジ ❷

## おむすびスープ

お茶碗にさけ入りおむすびを入れ、カットねぎ、ごま適量を散らし、鶏ガラスープ適量を注ぐ。好みでごま油を数滴たらしたり、練りわさびを添えても。

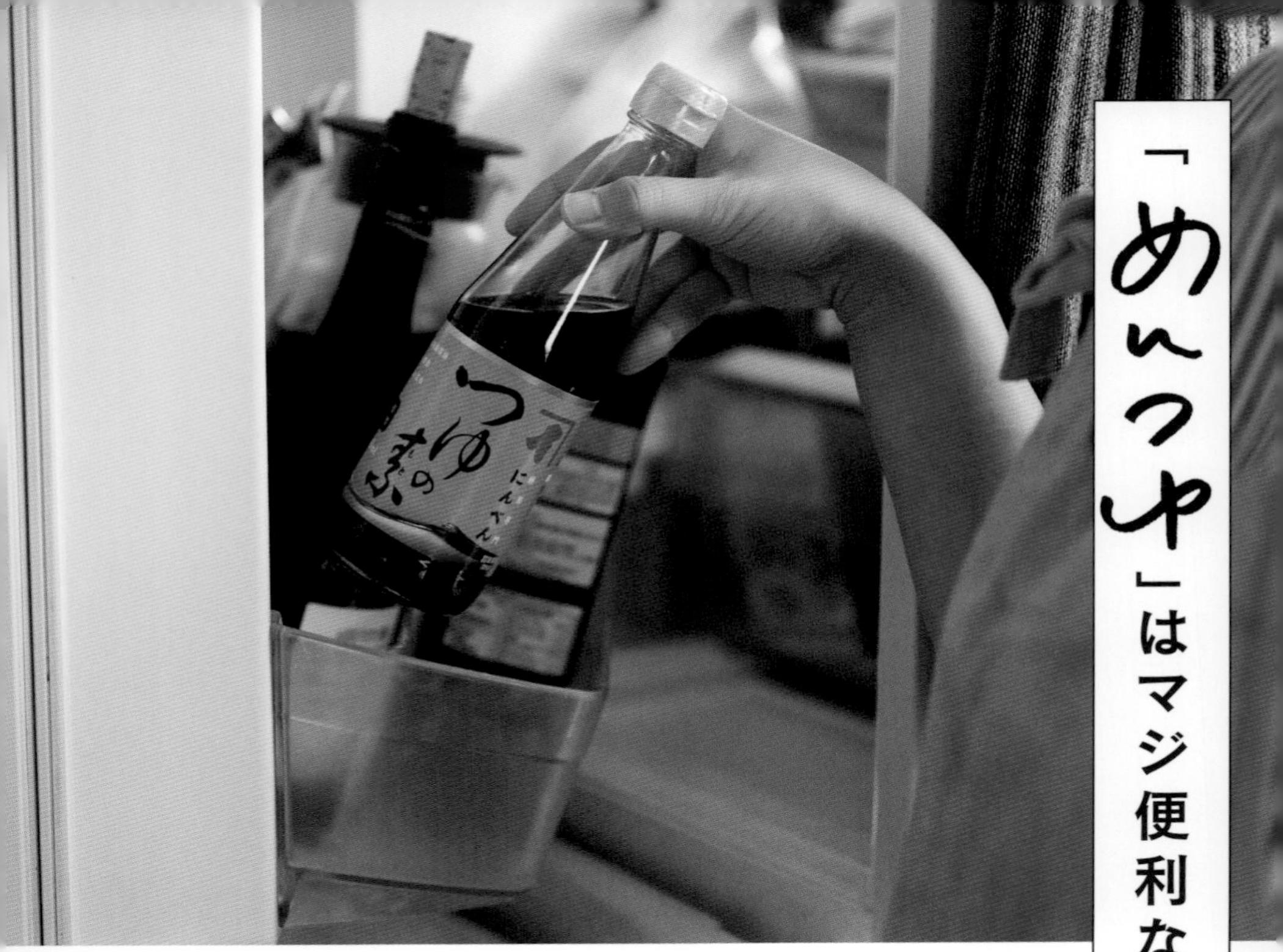

# 「めんつゆ」はマジ便利な調味料

◉和食に欠かせない
出汁＋甘辛味が、
これ1本でまかなえる

◉濃度を変えて、
あらゆる料理に応用できる

◉頭であれこれ考えなくても、
確実に味が決まる

いろんな人が「めんつゆは便利」と主張していますが、私も同感です。とりあえず素麺《そうめん》とめんつゆがあれば、夏は冷たいまま食べて、冬はにゅうめん（温かい素麺）で生き延びられます。冷凍うどんだって、そばだってOK。割合を調整すれば、鍋つゆにもなって、そこに成分無調整豆乳を足せば、「豆乳鍋」に。ちょっと頑張れば、野菜や魚、肉の煮物にも。味噌汁じゃない汁物が飲みたいと思ったら、めんつゆを薄めて、お吸い物を作るのもいいです。

本当に疲れたときは、分量を計りながら調理することが、ものすごくおっくうに感じます。だけどめんつゆは、日本人ならたいてい「おいしい」と感じる味の配合になっている。これも「私の代わりに誰かが、出汁と調味料を合わせておいてくれたもの」と考えて上手に使いましょう。料理を続けていくためには、そういう助けを遠慮なく活用していくのも大切です。

ただし、めんつゆばかり使っていると「何だかいつも同じ味だな」と感じることがあると思います。そういうときは、自分がジャストにおいしいと感じる濃度に調整すること（汗をかいた暑い日は少し濃いめ、お腹が弱っているときは薄めという風に）、かんきつ果汁を加えてポン酢にするなど、＋αの味で、アレンジを加えていくといいと思います。

漬け汁はめんつゆを半分に割っただけ、面倒な配合を覚える必要なし！　お酒のおつまみに、ラーメンにのっけたりと、幅広く楽しめます。

# 味玉子

［材料］作りやすい分量

卵…3個
めんつゆ（3倍濃縮）…50㎖

1 鍋に卵がひたひたにつかるくらいの湯を沸かす。沸騰したら卵をそっと入れ、8分ほどゆでる。

2 卵を水につけて冷まし、殻をむく。

3 フリーザーバッグにめんつゆ、水50㎖を入れ、2を最低6時間漬ける。

※2日以上漬けると濃くなりすぎるので、その前に引き上げる。漬けてから3日以内に食べきる。

**保存方法**

保存容器だと漬けムラが出やすいので、空気を抜き、フリーザーバッグで漬けるのがおすすめです。

そのままサラダとして食べられるのはもちろん、
焼いた肉や厚揚げ、豚しゃぶにのっけても。
焼き魚を一緒に漬けると、本格的なお惣菜に。

# 何でも野菜の南蛮漬け

［材料］ 作りやすい分量

生食できるお好みの野菜…適量
（今回は玉ねぎ¼個、豆苗⅓パック、赤パプリカ½個）

**A** めんつゆ（3倍濃縮）…大さじ4
　酢…大さじ1

**1** 野菜はせん切りや薄切り、食べやすいサイズに切る。

**2** 保存容器に**A**、水100㎖を入れて混ぜ、1を6時間ほど漬けおく。

切ったらもう一回
育てられる！

「おふくろの味」的な煮物も、めんつゆならお手のもの。残った煮物の汁は鶏とごぼうの風味が移っているので、捨てずに炊き込みごはんなどに展開してみて。

# 鶏肉とごぼうの煮物

［材料］ 1人分

鶏もも肉…200g
ごぼう…½本（約100g）
ごま油…小さじ1
めんつゆ（3倍濃縮）…大さじ2

1 鶏肉はひと口大に切る。ごぼうは1.5㎝幅の斜め切りにする。

2 鍋に1、ごま油を入れ、中火で5分ほど炒める。

3 鍋にめんつゆ、水80㎖を加えて弱火にし、ふたをして7分ほど煮る。ふたを外して弱火のまま3分ほど煮て火を止める。

焼きうどんや焼きそば、炒め物などの味付けにも大活躍。
冷凍うどんを使うときは、
電子レンジで解凍してから使ってください。

# 焼きうどん

［材料］ 1人分

ゆでうどん…1パック
カット野菜…⅓袋
ウィンナー…3本
油…大さじ1
めんつゆ（3倍濃縮）
…大さじ1
かつおぶし…適量

**1** ウィンナーは食べやすいサイズに切る。

**2** フライパンに1、油を入れ、中火で2分ほど炒める。ウィンナーを端に寄せ、うどん、カット野菜、水大さじ2を入れ、ふたをして1分ほど蒸す。

**3** ふたを開け、うどんをほぐし、全体を混ぜてもう一度ふたをして1分ほど加熱する。

**4** ふたを開け、めんつゆを加えて混ぜ、火を止める。器に盛り、かつおぶしをのせる。

# 間違いのない「味の組み合わせ」を知る

- 細かなレシピをたくさん覚える必要なし！
- 忙しい日、考えたくない日に味付けに悩まない
- あらゆる素材に応用できるので、食品ロスが減る

料理に味付けは避けて通れない道ですが、味付けのパターンさえ覚えてしまえば、実はとても簡単です。個々のレシピをあれこれ覚えるよりも、「間違いのない味の組み合わせ」さえ頭にいくつか入っていれば、素材ごとに応用ができて、その日たまたま手に入った特売品や冷蔵庫の残り物で、適当にごはんが作れるようになっていきます。自炊生活が続くか否かは、この「あり合わせのもので、適当に料理を作れる能力」を育てていけるかどうか。だからまず、最低3つ、「これさえ覚えれば、たいていのものはおいしくなる味の組み合わせ」を身につけてほしいのです。

まずは王道「塩＋油」。味付けとは、自分が「ちょうどいい」と感じる塩分濃度に調えることが基本です。そこにうま味とリッチ感を足す油が加われば、それだけで「おいしい味」は作れます。フライパンに油をしいて肉や魚を焼く。そこにパラリと塩をふる。火入れした野菜に、塩をふって油をまわしかける。それだけでも充分、料理になります。

次に「しょうゆ＋みりん」。この甘辛味は、日本人のDNAに訴えかける味ですね。嫌いな人はほとんどいないでしょう。さらにさっぱり味で、「酢＋塩＋油」。酸味が加わるだけで、食卓にグンと奥行きが。オリーブオイルなら洋風、ごま油なら中華風にと、変化がつけられますよ。

まずは王道 塩＋油

シンプルな玉子炒めも、塩と油で充分おいしい。卵を注いだら即完成するので、器はあらかじめご準備を。

## ねぎ玉子炒め

［材料］ 1人分

長ねぎ…½本
卵…1個
油…小さじ2
塩…ひとつまみ

1 長ねぎは1㎝幅の斜め切りにする。卵は割りほぐす。

2 フライパンに長ねぎと油を入れ、中火で3～4分焼く。表面に焼き目がついたら塩をふる。

3 長ねぎを端に寄せ、溶き卵を流し入れる。3秒ほど待ってから全体を混ぜ、半熟になったらすぐに器に盛る。

## ささみときゅうりのごま油あえ

きゅうりは包丁で切らず、たたき割ると調味料とからみやすくなります。

［材料］ 1人分

塩ゆでささみ（下記参照）…1本
きゅうり…1本
A ごま油…小さじ2
　塩…少々
ごま…適量

**1** きゅうりは器の底などで押さえ、たたききゅうりにして食べやすいサイズに折る。ささみも食べやすいサイズに割く。

**2** ボウルに1、**A**を入れてあえ、ごまをふる。

**塩ゆでささみ** 作りやすい分量

鍋に水100㎖、酒大さじ1、塩小さじ½を加えて火にかけ、沸騰したら鶏ささみ2本を入れ、火を止める。ふたをして10分ほど置く。残った煮汁もおいしいので、スープなどに活用する。

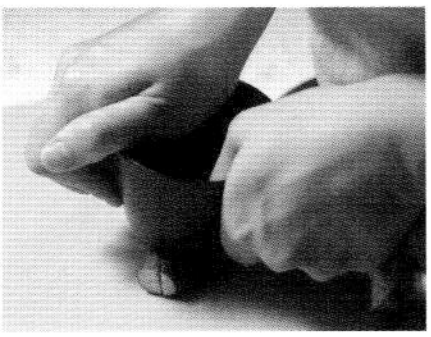

きゅうりは麺棒がなくても、カップの底などで押してつぶせばOK。

## 蒸しなすのしょうがマリネ

冷たくしてもおいしいマリネ。なすは表面が冷めても中は熱いので火傷に注意。

［材料］ 1人分

なす…2本
A しょうがチューブ…1㎝
　塩…少々
　オリーブオイル…小さじ1

**1** なすは皮をむき、ラップをして電子レンジで3分ほど加熱する。粗熱が取れたら、箸を使って縦に割く。

**2** ボウルに1、**A**を入れ、あえる。

定番甘辛味なら しょうゆ＋みりん

豚肉のコクとトマトの酸味に甘辛味がマッチ。ごはんがすすみます。

## 豚トマト丼

［材料］ 1人分

豚肩ロース薄切り肉…100g
ミディトマト…3個
油…小さじ1
A みりん…大さじ1
　しょうゆ…大さじ1
炊いたごはん…茶碗1杯強
カットねぎ…適量

1 豚肉は食べやすいサイズに切る。トマトは半分に切る。

2 フライパンに豚肉、油を入れ、中火で3分ほど炒める。トマトを入れ、さらに1分〜1分半炒める。

3 弱火にしてAを入れ、30秒ほどタレを全体にからめる。器にごはんを盛り、肉とトマトをのせ、カットねぎを散らす。

※豚バラ肉でもOK。その場合は油を少なめにする。

根菜のイメージが強いきんぴらですが、きのこや葉野菜、果菜などいろんな食材で楽しめます。

## きのこのきんぴら

［材料］作りやすい分量

えのきだけ…1パック
しめじ…1パック
（合計300g前後）
油…大さじ1
A みりん…大さじ1と½
　しょうゆ…大さじ2

**1** きのこは石づきを取り、食べやすいサイズにほぐす。

**2** フライパンに1、油を入れ、中火で4分ほど炒める。**A**を加え、水けを飛ばすように2〜3分炒める。

※きのこは1種類でもOKです。

## セロリのきんぴら

［材料］1人分

セロリ…1本（約100g）
油…小さじ2
A みりん…小さじ1と½
　しょうゆ…小さじ1と½
　ごま…適量

**1** セロリは筋を取り、4〜5㎝幅に切ってから縦の繊維に沿ってせん切りにする。葉はざく切りにする。

**2** フライパンに1、油を入れ、中火で3分ほど炒める。セロリがくたっとしたら**A**を入れ、全体をざっと混ぜる。

セロリは茎と葉の間を折り、葉をひっくり返すようにして太めの筋を取ります。

さっぱり副菜に
酢+塩+油

マッシュルームは生で食べられる便利なきのこ。
市販のドレッシングを買わなくてもおいしく食べられます。

## サラダ菜とマッシュルームのサラダ

［材料］ 1人分

サラダ菜…1パック
マッシュルーム…2個
A オリーブオイル…小さじ2
　レモン汁…小さじ1
　塩…ひとつまみ

1 サラダ菜は手でちぎる。マッシュルームは石づきを取り、薄切りにする。Aを混ぜてドレッシングを作る。

2 器にサラダ菜、マッシュルームを盛り、ドレッシングをかける。

リーズナブルで骨から出汁が出る手羽先。
酢を入れたスープは食欲のない日におすすめ。

# 手羽先と白菜の酸辣湯《サンラータン》風スープ

［材料］　1人分

手羽先…2本
白菜…1枚
ごま油…小さじ1
A 酢…小さじ2
　塩…ひとつまみ強
こしょう…適量

1 手羽先は関節に包丁を入れ、3つに切る。白菜は1㎝幅に切る。

2 鍋に手羽先、油を入れ、表面に焼き目がつくまで3分ほど焼く。

3 水300㎖、白菜を入れ、沸騰したら弱火にして4分ほど煮る。**A**を入れて、味を調える。器に盛り、こしょうをふる。

※うま味が足りなければ、鶏ガラスープで味を調える。

手羽先は羽先の関節を切り、軟骨と軟骨の間の部分に包丁を入れて切り離すと、きれいに切り分けられます。面倒なときは切らなくてOKですが、切ったほうが味が出ます。

# 生素材＋うま味 or 香りで組み合わせ無限大

◎冷蔵庫にあるあまり素材で、パパッと一品作れる

◎「副菜をもう一品」というときに便利

◎お酒のおつまみレパートリーが増える

味付け問題の続きです。シンプルな塩＋油でもおいしいけれど、さらに味をランクアップさせていくのには、どうしたらいいのでしょう。そもそも「箸を進めてくれるもの」、そして「食をそそるもの」の正体とは、何でしょう。私は、「うま味」または「香り」なのではないかと思います。ある素材に塩分を加え、そこにうま味または香りがプラスされると、人はより「おいしい」と感じるのではないでしょうか。

「うま味」とは、グルタミン酸、イノシン酸、グアニル酸といった成分で、肉や魚はもちろん、出汁に使う昆布やかつおぶし、干しえびや焼き海苔などの乾物類、ちくわやはんぺんなどの練り物にも含まれています。そして「香り」とは、しょうがやにんにく、みょうがなどの薬味、レモンなどの柑橘類、わさびやからし、柚子こしょうなどの調味料。セロリや春菊など香りが強い野菜も、入れていいでしょう。スパイスもこのたぐいです。外食だったら料理の上にちょっとしかのってない薬味も、自炊なら入れ放題です。

まずは生で食べられる素材に、うま味か香りを足していく練習をしていきましょう。あっという間に一品できるし、方程式さえ意識しておけば、組み合わせは無限大。そうしてだんだん慣れてきたら、火を入れた料理でも、この「うま味」「香り」を活用して。それができればもう、立派な料理上手です。

ストックしておくと
便利なうまみ素材

# 生素材

生サラダに入っている素材なら、何でもOK。だんだん味付けの組み合わせに慣れてきたら、レンチンしたブロッコリーや根菜なども、このカテゴリーに入れていきましょう。

**写真の素材以外に**

⇩レタス、キャベツ、春菊、白菜、せりなどの葉野菜、大根、かぶ、にんじんなどの根菜、なす、ピーマン、ズッキーニなどの果菜類。マッシュルームも。

## 香り

「食をそそる」担当。ねぎや大葉などの薬味類や、春菊やセロリなど香りが強い野菜。上級者になれば、ハーブ・スパイス類が入ってきます。

**写真の素材以外に**

⇓しょうが、パクチー、パセリ、ごま、こしょうなどの薬味、レモン、すだちなどの柑橘類。チューブ調味料のわさび、からし、柚子こしょうなども。

## うま味

「箸を進める」担当。肉や魚のたんぱく質類、海苔や干しえびなどの乾物類など。缶詰や加工品も活用すると、ぐっと幅が広がります。

**写真の素材以外に**

⇓魚肉ソーセージ、ちくわやはんぺんなどの練り製品、さけやさば、オイルサーディン、ランチョンミートなど肉や魚介の缶詰類。42ページで登場したさばの干物、塩ざけなども、ここに入ります。干しえび、焼き海苔などの乾物類も。

# 生素材 + 香り

豆苗サラダをハムで包みながらいただきます。レモンをちょっと効かせるだけで、格段に食がすすむ！

## ハムと豆苗のサラダ

［材料］ 1人分

ハム…1パック（約50g）
豆苗…½パック
**A** マヨネーズ…大さじ1
レモン…小さじ1
こしょう…適量

**1** ハムは半分、豆苗は4㎝幅に切る。

**2** 豆苗を**A**であえて器に盛り、ハムで挟んでいただく。

にんにくを効かせることで、風味がアップ。おつまみにぴったりの一品です。

## アボカドときゅうりのにんにくじょうゆあえ

［材料］ 1人分

アボカド…½玉
きゅうり…1本
にんにくチューブ…1㎝分
しょうゆ…小さじ1と½

カンタン！

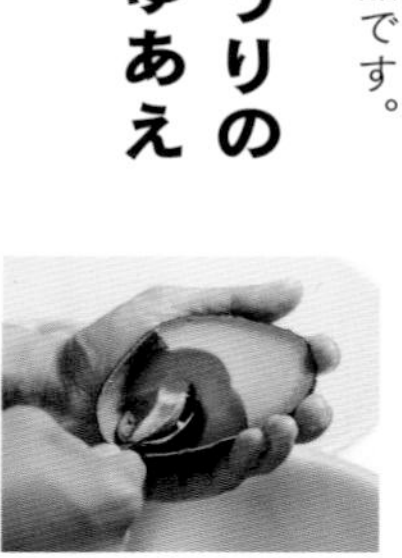

アボカドは包丁で周囲をぐるっと1周させて半分に割ったあと種を取り、スプーンですくいます。

**1** アボカドはスプーンで食べやすいサイズにすくう。きゅうりは乱切りにする。

**2** ボウルにすべての材料を入れてあえる。

モッツァレラは包丁ではなく手でちぎると味がからみやすい。
おかかじょうゆとの相性のよさに、驚くはず。

## モッツァレラとトマトのおかかじょうゆあえ

［材料］　1人分

モッツァレラ…1パック
ミディトマト…2個
しょうゆ…小さじ1
かつおぶし…適量

1. モッツァレラは手でほぐす。トマトは4等分に切る。
2. 器に1を盛り、しょうゆをかけ、かつおぶしをのせる。

「生で食べたことがない」という人が多い小松菜ですが
ほんのり苦みがあって、一度食べるとクセになる味わいです。

## 小松菜のサラダ　ツナドレッシング

［材料］　1人分

小松菜…½束（約150g）
A ツナ缶（ノンオイルタイプ）…1個（約70g）
　オリーブオイル…大さじ1と½
　レモン汁…大さじ1
　塩…小さじ½
こしょう…適量

1. 小松菜は食べやすいサイズに切る。ボウルにAを入れ、よく混ぜる。
2. 器に小松菜を盛り、ツナドレッシングをかけ、こしょうをふる。

# 調味料は、油と味噌にお金を使って

多くの料理家さんは、「調味料はいいものを」とよく言っていますよね。私もその意見におおむね賛成なのですが、そうは言いつつ、「調味料すべてにお金をかけると、ひとり暮らしの自分にはキツイ」という意見もよく分かります。そこで私はさらに厳選し、「お金をかけるべき調味料は、油と味噌！」と主張したいです。

油って実は、ものすごく酸化しやすいもので、ひとり暮らしなのにコスパがいいからと業務用大パックを買ってしまうと、最後のほうは嫌な臭いがして、食感もべったり、胸やけなどの原因になることも。なので、油は小サイズを買い、こまめに使い切るのが断然正解。多少お金がかかりますが、ぜひ新鮮なものを使いましょう。

そして次に味噌を推す理由は、やはり食事の基本は、ごはんと味噌汁だから。毎日味噌汁を食べるためには、やっぱりおいしい味噌でないと、続ける気が起きません。以前、発酵デザイナーの小倉ヒラクさんに教わったのですが、「おいしい味噌」の目安は、1kgが1000円程度だとか。その金額を意識して選ぶと、余計な添加物を入れず、時間をかけてきちんと発酵させた、おいしくて体にもいい味噌が手に入るのだそうです。

# 塩ひとつまみ、塩少々を知ろう

料理の悩みで「どうしても味が決まらない」と相談を受けることがとても多いです。確かに塩加減って難しい。けれど難しいがゆえに、加えた量をきちんと自覚せずに、適当にふり続けていると、いつまでも基準ができずにずっとブレてしまいます。そこで一度、機会があれば「塩1g」というものを実際に計ってみて、その量を目で覚えてほしいのです。「結構多いな」と思う人がほとんどだと思います。

ちなみにレシピ本によく登場する「塩ひとつまみ」「塩少々」ってどのくらいか知っていますか？　塩ひとつまみとは、親指・人差し指・中指の3本の指先でつまんだ量。これでほぼ約小さじ⅕そして約1gになります。塩少々は、親指・人差し指の2本の指先でつまんだ量で、約小さじ⅛、約0.6g。料理のコツをつかめるまでは適当にしないで、きちんと意識的に調味していく。「おいしい」と感じる味付けは、そんなことから始まります。例えば肉なら、肉の分量に対し「1～2%の塩」というのが、「おいしい」と感じる塩加減と言われていますが、300gのお肉だったら3g。ここでおおよその「1g」の量が分かっていれば、お肉に塩ひとつまみを3回ふればいいわけです。

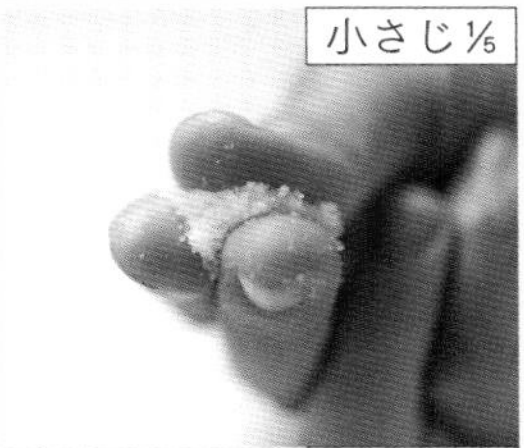
小さじ⅕

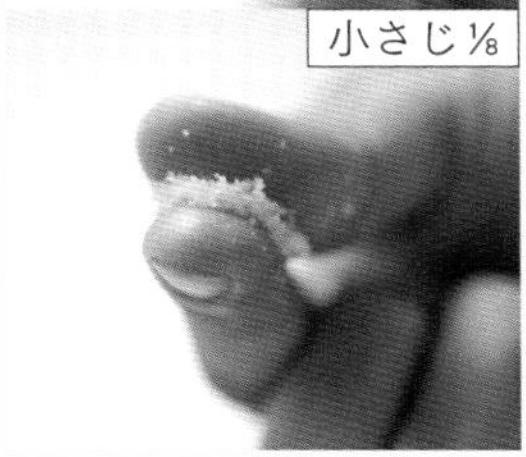
小さじ⅛

# 味見は多くて2回まで

もうひとつよく聞くお悩みは、「味見をしすぎて、だんだんどれが正解なのか分からなくなってしまう」です。これを解決するには、明確なルールを設けましょう。「味見は2回目まで！」。最初に味をみて、「薄いな」と感じたら調味料を足す。「濃いな」と感じたら、素材や水を足す。そして再度味を確認したら、それで終わり。もしそれで「足りない」と感じても、器に盛ってテーブルに運んでから、自分が「おいしい」と感じる加減になるまで、調味料を追加すればいいのです。スープ類の味見なら、まず塩を入れる前の「素の状態」を確認して、塩を加えて確認。それで終わりでいいと思います。

全体的に言えることは、塩加減は「少し薄いかな、ぐらいで仕上げるのが正解」ということです。というのは、ひと口目で「バッチリ！」と感じるものは、食べ終わるころになると「ちょっとしつこいな」と辛く感じるパターンが多い。そして味を足しすぎてしまうと、水や新たな素材を加えても、残念ながら元の味には戻らず、どうしてもちょっとボケた味わいになってしまうのです。「最終的な味加減はテーブルで」くらいの姿勢で、おおらかに構えていれば大丈夫です。

# 「全部しょうゆ味」にならないために

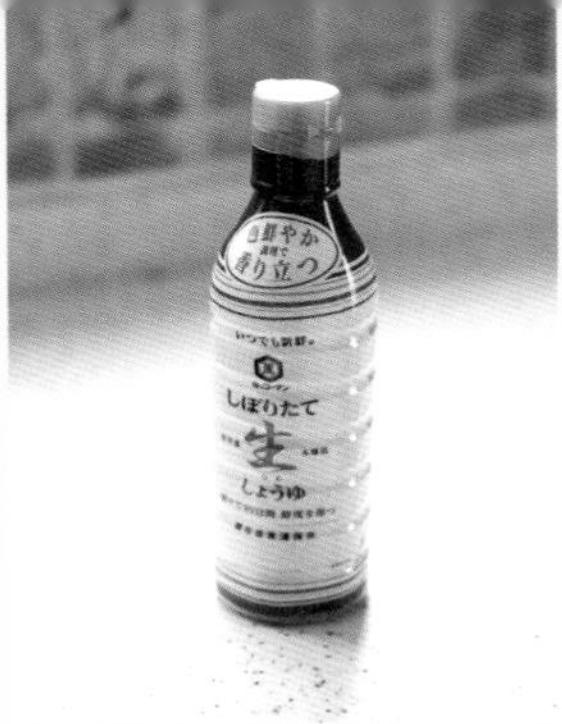


自炊レッスンのときに、ベテラン主婦の方から「料理が全部しょうゆ味になっちゃうのよね」というお悩みを聞きました。家のごはんといえば和食、和食といえばしょうゆということで、何かというとついしょうゆを入れてしまうし、しょうゆを入れたとたん、料理の味が全部「しょうゆ味」になってしまうというのです。

ここでひとつ覚えてください。塩分を調整するのは、塩の役割。しょうゆはあくまで、香りや風味をつけるもの。「ほどよい塩分濃度」にたどり着くまでしょうゆを入れ続ければ、それは「しょうゆ味」になり、「素材の味」が感じられないバランスに仕上がってしまいます。なので例えば、きんぴらを作るときなど、しょうゆは「いつも入れる量」の半量にしてみて、足りない塩分は塩で加減するようにしてみてください。きっと素材の味もしっかり感じられて、かつしょうゆの風味も心地よく感じられるはずです。

そういう風にしょうゆをとらえ直してみると、例えば中華スープを作るときも、魚介のあえ物を作るときも、ほんのちょっと風味を加える加減にしてみれば、しょうゆが前面に出ず、むしろ後ろで味のまとめ役のようになり、奥行きのある味わいに仕上がりますよ。

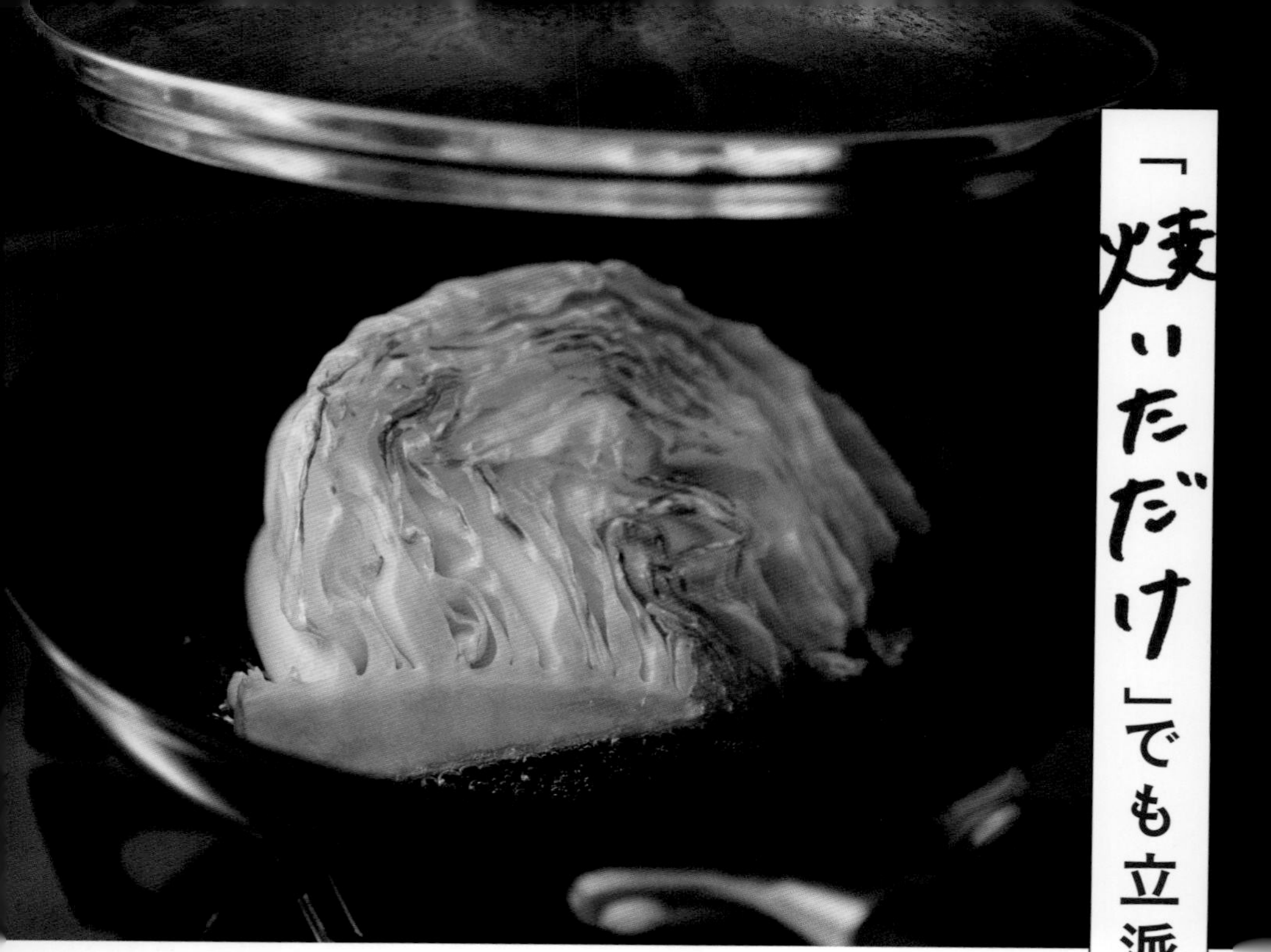

# 「焼いただけ」でも立派なごちそうができる

- 「焼く」だけに集中するので、調理の失敗が少ない
- うま味や香ばしさがアップして、本格派の味わいに
- やるうちにだんだん、料理の勘どころが分かってくる

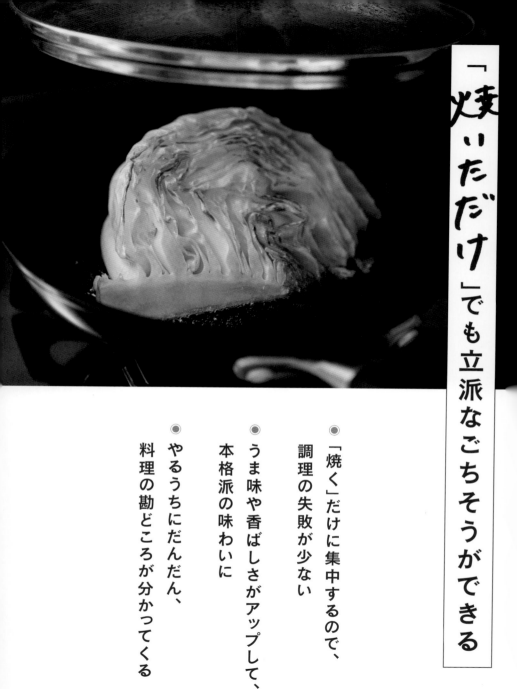

「今日はどうもやる気が出ない」「切るのも面倒くさい」。そんな日、私はよく野菜をまるごと焼いただけの料理を作ります。本当にただ焼いただけ。こういう食材と料理の合い間にあるような、「おいしく食べるために、ほんの少し手を加えた」くらいの食べ方も、料理と呼んでいいと思います。

フライパンに素材をのせ、じりじり焼けているのを眺めていると、単なる素材が「料理になった！」という感動に立ち会えます。「この程度かな」と焼き目がついても、もうちょっと我慢すると、何とも香ばしい焼き目がじわっとついてきます。この「焼き目」もおいしさのひとつ。そうして味がまろやかになったり、甘味が増したり、食感が変化したり。いろんな素材が入った炒め物などと違い、火の入り方が（1素材のみなので）一定なので、失敗が少なく、何度かやってみると、だんだん「焼く」という調理法の勘どころがつかめていくと思います。

「焼くだけ料理」は次ページで紹介しているまいたけとキャベツのほか、ピーマン、ズッキーニ、なす、かぶ、大根、れんこん、長いも、エリンギ、しいたけなど、いろんな素材で楽しめます。水分が多くて少し跳ねることもありますが、トマトなんかもすごくおいしいですよ。最後にしょうゆをたらしたり、かつおぶしをふりかけたり。いろいろ楽しんでみてください。

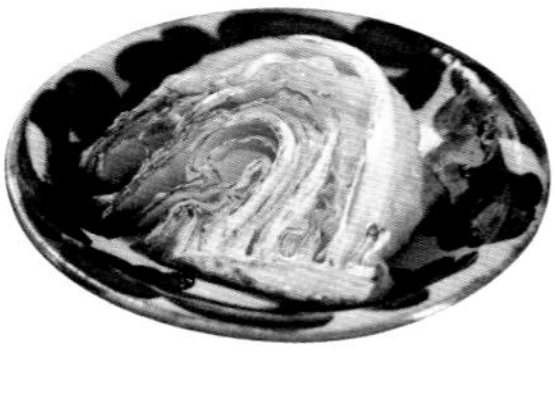

香ばしくて
甘さもアップ！

きのこは「焼いただけ」でおいしい素材の代表選手。見た目もいい感じ。いじるとうま味が逃げてしまうので、できるだけさわらずに焼くこと。

# まいたけステーキ

［材料］作りやすい分量
まいたけ…1パック
油…小さじ1
しょうゆ…小さじ1

1 フライパンに油、まいたけを入れ、両面を中火で2分ほど焼く。焼き目が付いたら火を止め、しょうゆをまわしかけてさっと上下を返し、器に盛る。

※ちょっと焦がしすぎても、その部分だけ包丁でカットすれば問題ありません。

生のままだと、なかなか食べられない量も、焼いたらペロリです。干しえびでうま味をプラスします。

# 焼きキャベツ

［材料］作りやすい分量

キャベツ…⅛個
干しえび…大さじ1（なくてもよい）
ごま油…大さじ1
塩…ひとつまみ

1 フライパンにごま油、キャベツを入れ、ふたをして1分に1回上下を返しながら中火で3〜4分焼き、両面に焼き目が付いたら器に盛る。

2 同じフライパンに干しえびを入れ、弱火で1分ほど、えびがカリカリになるまで炒める。キャベツの上にのせ、塩をふる。

# 失敗しない「炒め物」を覚えよう

- あらかじめ味付けをしているので、「焼き」に専念できる
- いじりすぎないことで、うま味が逃げない
- いろんな素材の炒め物に応用可能

炒め物を失敗する原因は何でしょう。私が思うに、よくCMやドラマで出てくる、中華料理の炒め物を作るシーンの影響が大きいと思います。炒め物と言えば、お玉や菜箸でかちゃかちゃ混ぜながら、フライパンを勢いよくあおる「あの料理」。そうインプットされている人がとても多いようなのです。けれど、中華料理店のコンロと家庭用コンロの火力の差は10倍近くあるということをご存じですか。大きな中華鍋に食材を入れて、強火で一気に火を通すから、しっかりふっていないと、すぐに焦がしてしまいます。けれど、そこまで火力がない家庭では、いじりすぎると、逆に素材からどんどんうま味が逃げていきます。むしろフライパンはあまり動かさずに、「じっくり焼く」が正解なのです。

また「焼く」と「味付け」を同時に行うことって、実はかなり高度な技。素材はそれぞれ火が入る時間が違うし、塩分を入れると、とたんに素材から水分が出てしまいます。アツアツになったフライパンに調味料を加えると、跳ね返りも怖い。そう考えると「炒める」という行為に慣れるまでは、味付けを先にすませてしまい、フライパンに入れたあとは「焼く」に集中したほうが、失敗は少ないのです。まずは次ページの炒め物を作ってみましょう。これをマスターできれば、炒め物のコツがつかめます。

# 失敗しない炒め物の作り方

## 1 肉に下味をつける

炒め物は肉などたんぱく質にしっかり味をつけておけば、野菜はそのうま味をまとわせるだけで、充分おいしい味のバランスになります。まずは塩と酒、だんだん慣れてきたらしょうゆやみりん、めんつゆやおろししょうが、おろしにんにくなどで味付けしていきましょう。全体に味をゆき渡らせるように、よくもんで。

## 2 焼いているときにいじらない

まずは軽く汁けをきった肉を入れてふたをして、色が変わるまで焼きます。テフロン加工のフライパンなら、先に肉をフライパンに広げてから火にかけるといいでしょう。次に野菜を入れますが、例えば小松菜だったら茎↓葉の順番に。根菜と葉野菜が加わるなら、根菜を先に。火が通りにくいものから先に入れていきます。トータルで4〜5分焼くなら、混ぜるのは1分に1回の割合くらいでOK。

## 3 ふたを取って、焼き目をつける

ふたをしているときは、調味料と素材の水分を使った「蒸し焼き」の状態になっているので、最後にふたを開けて水分を飛ばし、軽く焼き目をつけていきます。焼き目、焦げ目も、うま味の大切な要素のひとつです。素材に火が通ったら味見をして、足りないようなら最後に塩、こしょうをふり、火を止めます。

脂分が多い豚バラ肉は固くなりにくいので、炒め物初心者におすすめ。なす、ブロッコリー、葉野菜など、いろんな野菜を組み合わせられます。

# 豚バラとズッキーニの炒め物

［材料］ 1人分

豚バラ薄切り肉…100g
ズッキーニ…½本（約150g）
塩…適量
酒…大さじ1
ごま油…小さじ1
こしょう…適量

1 豚肉は食べやすいサイズに切り、塩ひとつまみ、酒をふってもみ込み、5分ほど置く。ズッキーニは1㎝幅の半月切りにする。

2 フライパンにごま油、豚肉を入れ、中火で2分ほど炒める。ズッキーニを加え、ふたをしてさらに2分ほど炒める。

3 味見をして、足りないようなら塩、こしょう適量をふる。

# 「煮込まない煮物」をマスターしよう

◉油を使わないので、ローカロリーでお腹にもやさしい

◉ほとんど失敗なしの、テクニックいらずメニュー

◉あまったら、他の料理にいろいろと応用可能

自炊初心者にとっては「煮物」という響き自体が、面倒くさく感じて敬遠されがちですが、コトコト長時間煮込まない煮物「さっと煮」は、自炊初心者にこそおすすめしたい調理法。私の定義で「煮物」とは、「味が濃いスープの中で素材を煮て、食べられるようにしたもの」。そんな風に考えると、ちょっと気楽に思えませんか？　少しずつ自炊が習慣化してきたけれど、毎日サラダや炒め物ばかりだと飽きてしまうし、油の消費量もちょっぴり気になる。そんな人にはぜひ、この「煮込まない煮物」を覚えてほしいのです。材料と「出汁：しょうゆ：みりん＝10：1：1」の煮汁を鍋に入れて煮るだけなので、ほとんど失敗しないし、短時間で完成するのも魅力的です。

おすすめの材料は葉野菜、果菜、薄切りにした根菜といった、火が入りやすい野菜類1種と、きのこ類、油揚げや厚揚げ、練り製品、しらすなどうま味食材1種の組み合わせ。炒め物は作ったその場で食べ切るものですが、この「さっと煮」は、冷めてもおいしい。冷蔵庫で「冷たいお惣菜」として作り置きしてもいいし、卵でとじたり、薄めてスープにしたりと、別の料理にリメイクしても。火が入ることで素材のかさも減るので、多めに作れば野菜不足の解消にも役立てられます。

## 煮込まない煮物の作り方

### 1 沸騰した出汁に調味料を入れる

鍋またはふたつきフライパンを準備し、出汁を沸かして、調味料を加えます。ここの味加減は、「そのまま飲むとちょっと濃いかな」という程度に。「濃くて飲めない」だと、調味料の入れすぎです。出汁を用意するのが面倒なときは、水＋めんつゆでもおいしく作れます。

### 2 火が通りにくい素材を先に入れる

茎から先に火を通すよ

しっかり味を含ませたい油揚げを先に入れ、小松菜や水菜、ほうれん草などの葉もの野菜は、茎を先に。この煮物は３～４分で火が入る素材なら何でもＯＫなので、慣れたら豚バラ薄切り肉やさけの切り身など、たんぱく質素材を加えても大丈夫です。

### 3 火が通りやすい素材を入れて、さっと混ぜる

さっとね！

煮物はコンロの火を止めても余熱で加熱されていくので、火が通りやすい素材は「ちょっと早めかな」と思うタイミングで火を止めて。小松菜の葉なら、１分も煮れば十分です。最後にさっと混ぜることで、葉先にも味がよくからみます。

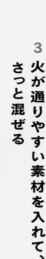

まず油揚げに味を含ませ、茎→葉の順に火を入れていきます。出汁のうま味がじゅわっと感じられて、しみじみおいしい一品です。

# 小松菜と油揚げのさっと煮

［材料］ 作りやすい分量

小松菜…1束（約300g）
油揚げ…1枚
出汁…150㎖
A しょうゆ…大さじ1
　みりん…大さじ1

1 小松菜は4㎝幅に切り、茎と葉を分けておく。油揚げは横半分に切ってから1㎝幅に切る。

2 鍋または深さのあるフライパンに出汁を沸かし、Aを加える。

3 油揚げを加え、中火で1分ほど煮る。小松菜の茎を入れさらに1分、葉を加えてさっと混ぜ、さらに1分煮る。

# 野菜をとことん食べるなら「オイル蒸し」

- ごっそりかさが減るので、野菜不足が解消できる
- テクニック一切不要、失敗なしのメニュー
- 素材のうま味がアップし、他の料理にも応用可能

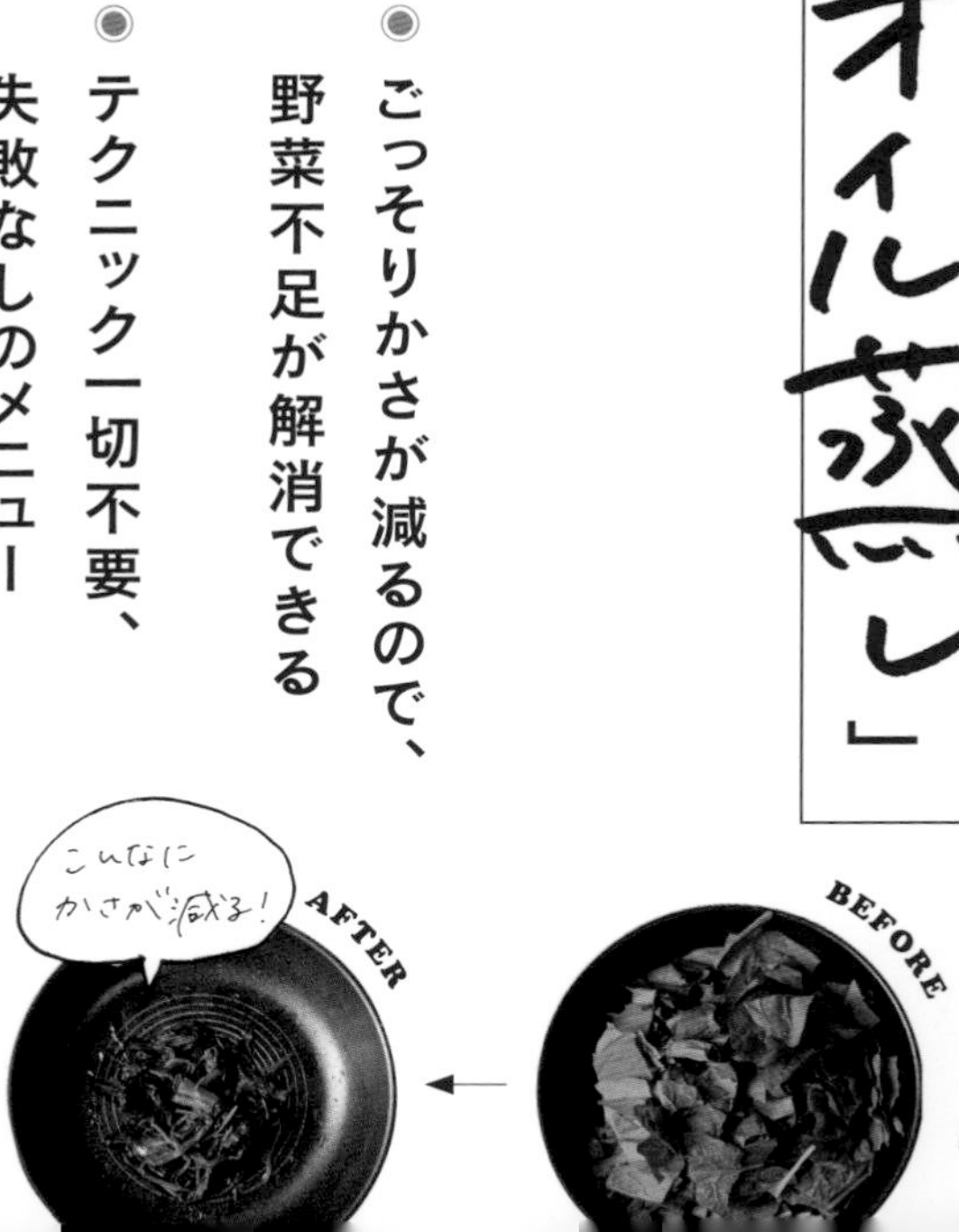

「オイル蒸し」とは、たっぷりのオリーブオイルとほんの少しの水で野菜をゆっくり加熱し、うま味をじっくり引き出しつつ、くたくたの食感に仕上げる調理法のこと。小松菜や菜の花、カリフラワーなど、歯ごたえのある野菜がヘロヘロになり、うま味がぎゅーっと凝縮されて、その食感と芳醇な香りといったら……！　私の自炊レッスンでも、いちばん人気のレシピです。

葉っぱ系の野菜が大量に手に入ったなら、迷わずこれを作ります。ほうれん草であれば4分の1くらいの量にかさが減るので、たくさん食べられます。作りたてもおいしいですが、あまったら「濃い味わいの野菜のソース」のような感覚で、別の料理に展開できるのもいいところ。まずはシンプルにオイルと塩だけで楽しんで、慣れてきたら薄切りにんにくやベーコンなどを加えても。友人との家飲みで出せば、「どうやって料理したの？　おいしい！」と喜ばれます。

熱伝導のいい「ストウブ」や「ル・クルーゼ」など、厚手の鍋で作るのが定番ですが、ふたつきフライパンでも十分。水分量の少ない野菜は、途中に大さじ1〜2杯の水を補いながら火入れをすれば、怖くありません。多少の焦げは大歓迎。香ばしさがうま味になります。

「だいぶ火が入ったな」と思ってからさらに加熱して、ペーストっぽい食感になるまで蒸すと、驚くおいしさになります。

# ほうれん草のオイル蒸し

［材料］作りやすい分量

ほうれん草…1束（約200g）
オリーブオイル…大さじ3
塩…ひとつまみ

**1** ほうれん草は食べやすいサイズに切る。

**2** 鍋または深さのあるフライパンにほうれん草を茎↓葉の順番に入れ、上からオリーブオイルを回しかける。ふたをして、中火で2分ほど加熱する。

**3** じゅーっと音がしてきたら弱火に落とし、2分ごとにふたを開けて軽く混ぜる。10分以上加熱するとくたくたになり、12分以上加熱するとさらにやわらかくなる。途中焦げそうになったら火を弱め、水大さじ1を足す。好みのやわらかさになったら、塩で味を調える。

**ほうれん草のオイル蒸しのリゾット**［1人分］
鍋に炊いたごはん100g、水50㎖、ほうれん草のオイル蒸し半量（約80g）を入れ、中火にかける。沸騰したら弱火にし、3分ほど煮る。ふたを開け、とろけるチーズ1枚を入れ、全体をざっと混ぜる。

おなじみブロッコリーもここまで蒸すと、ゆでたものとは別物の味わいに。お好みでこしょうをふっても。

## ブロッコリーのオイル蒸し

［材料］作りやすい分量
ブロッコリー…1個
オリーブオイル…大さじ3
塩…ひとつまみ

1. ブロッコリーは食べやすいサイズに切る。
2. 鍋または深さのあるフライパンにブロッコリーを入れ、上からオリーブオイル、水大さじ2をまわしかける。ふたをして、中火で2分ほど加熱する。
3. 隣ページの「ほうれん草のオイル蒸し」の3と同様に作る。

**ブロッコリーのオイル蒸しとウィンナーのパスタ**［1人分］
ウィンナー4本を斜めに切る。フライパンにオリーブオイル大さじ1、ウィンナーを入れ、中火で2分ほど炒める。ブロッコリーのオイル蒸し100gを入れ、ヘラかトングでブロッコリーをくずす。別の鍋に1ℓの湯を沸かし、小さじ2の塩を加え、パスタ100gを袋の表示通りにゆでる。フライパンにゆで上がったパスタ、ゆで汁大さじ2を入れ、全体を混ぜる。好みでこしょう適量をふる。

# テクいらずの「ほったらかし料理」に頼ろう

- ◎ほったらかしている間に別のことができる
- ◎普段の食事にも、友人が来たときのおもてなしにも！
- ◎失敗がほとんどなく、おいしくできるさて、これまで「切って混ぜただけ」「焼いただけ」「いじらない炒め物」「さっと煮」「オイル蒸し」など、いろんな調理法を解説してきました。最後に自炊初心者に自信をもっておすすめしたいのが、「ほったらかし料理」。つまりフライパンや鍋での弱火、または炊飯器の保温機能を活用して、「ゆっくり、じっくり火を入れる」という調理法です。味が染みやすく、煮くずれや焼き焦げも少ない。時間はかかるけど、面倒を見る必要がない料理なので、初心者でもほとんど失敗することがありません。しかもこれらは時間をかけたぶん、「本格派の料理」ができ上がるので、家に人が来たときに出せば、「料理上手だね〜」と言われることも（笑）。

例えば一品は手間のかかるものを作ってみたいから、あと一品はほったらかしにする。あるいは一品は切って混ぜるだけの時短料理だから、もう一品はゆっくり作ったものと組み合わせてみる。だんだん料理に慣れてくると、料理の組み合わせや手間の面で、バランスをとれるようになります。そんな場面でこういう料理をいくつか覚えておくと、自炊生活の支えや底上げになります。ほったらかしていいうえに、ちゃんとおいしいなんて、最高じゃありませんか？

大根おろしの煮汁にも鶏肉のうま味が移り、ごはんがすすむおかずに。
温かいそばやうどんの上にのせても。

# 鶏のおろし煮

［材料］ 作りやすい分量

鶏もも肉…1枚（約300g）
大根…⅕本（約200g）
A しょうゆ…大さじ1と½
　酒…大さじ2

**1** 鶏肉はひと口大に切る。大根はすりおろす。

**2** 鍋に1（大根おろしは出た水分ごと）、Aを入れてふたをし、弱火で10分蒸し焼きにする。

大根にはたんぱく質を分解する酵素が含まれているので、鶏肉がやわらかく煮上がります。

材料を入れてスイッチを押すだけ、驚異のテクいらず料理。チャーハンや炒め物の具に活用してもいい。豚バラブロック肉で作っても。

# 炊飯器ゆで豚

［材料］作りやすい分量

豚肩ロースかたまり肉…300g

A 長ねぎ（青い部分）…適量
しょうが（薄切り）…2〜3枚※チューブでもOK
塩…小さじ1

1 500㎖の湯を沸かす。

2 炊飯器の内釜に豚肉、**A**を入れ、豚肉が隠れるまで1を注ぎ、ざっと混ぜる。

3 保温ボタンを押し（炊飯ボタンではないので注意!）、1時間30分置く。炊飯器から取り出し、食べやすいサイズに切る。お好みで薬味やからしじょうゆを添える。

※内釜に残ったスープは、汁麺やスープなど料理に活用するとよい。

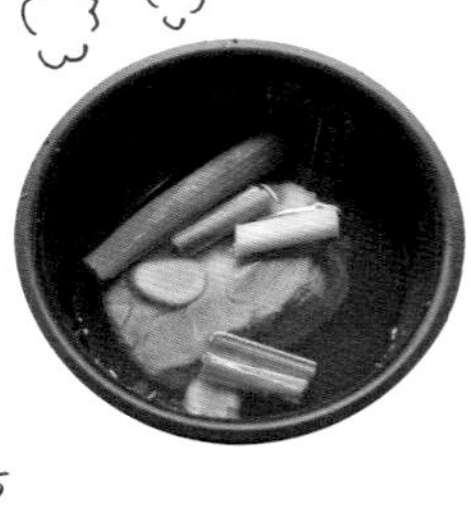

炊飯器の保温機能を使うと中が約70℃に保たれます。この低温でじっくり火入れをすることで、肉がしっとりやわらかい仕上がりに。

ジューシーなひき肉となすのうま味、トマトの酸味が好相性。耐熱容器に入れて、魚焼きグリルで焼いてもＯＫ。

# ひき肉となす、トマトの重ね焼き

［材料］　１人分
豚ひき肉…１００g
なす…１本
ミディトマト…４個
とろけるチーズ…１枚
玉ねぎ…適量
塩…適量
酒…大さじ１
こしょう…適量

**1** なすは縦に４等分に、トマトは半分に切る。玉ねぎはみじん切りにする。

**2** フライパンになす↓塩少々↓ひき肉↓塩、こしょう少々↓トマトの順に重ね、酒をまわしかける。

**3** ふたをして中火にかけ、１分ほど焼く。じりじり焼ける音がしたら弱火にし、５分ほど焼く。ふたを開けてチーズをのせ、２分ほど焼く。

**4** 器に盛り、玉ねぎをのせ、こしょうをふる。

なす→ひき肉→トマトの順に重ねていきます。火が均等に入るよう、できるだけ厚さを均一にするのがポイント。

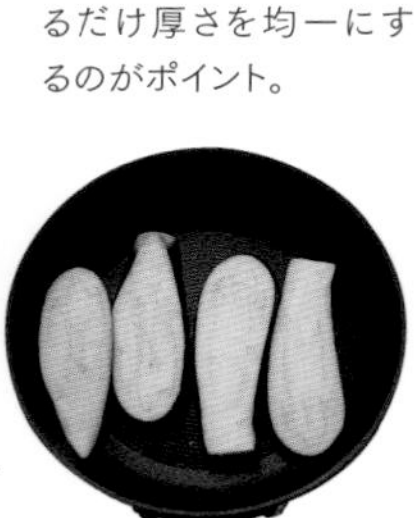

こちらもフライパンに材料をぎゅっと詰めて、ふたをして煮るだけ。こってり味噌味で、男性にも大人気なおかずです。

# 豚バラとキャベツの味噌煮

［材料］ 1人分

豚バラ薄切り肉…100g
キャベツ…1/8個（約150g）
A 酒…大さじ1
　味噌…大さじ1
　砂糖…小さじ1
　にんにくチューブ…2cm分
　水…大さじ1
ごま…適量

**1** 豚肉、キャベツは食べやすいサイズに切る。

**2** フライパンに1、よく混ぜたAを入れて混ぜ、ふたをして中火で2分ほど蒸し焼きをする。弱火に落として3〜4分加熱し、2分おきにさっと混ぜる。器に盛り、ごまをふる。

キャベツは蒸し焼きするとかさが減るので、少し多めに入れても大丈夫。全体を混ぜることで、肉のうま味がキャベツによくしみます。

# 火を止めたって、大丈夫

主に炒め物や「焼き」の料理を作っているときですが、「調味料を入れなきゃと思うときに、素材がどんどん焼けていくのであせってしまう」人が多いようです。しょうゆは焦げやすいし、油の中に酒など水分を入れると、飛び跳ねることもある。慌ててるうちに、野菜がくったり焦げてしまい、悲惨な見た目に……。

これも「炒め物は高熱で一気に仕上げる」というイメージが強いからだと思いますが、もし怖いなら、いったん火を止めたって大丈夫なのです。火を止めて、落ち着いた状態で調味料を加えて、再び点火する。そうしても、仕上がりはほとんど変わりません。

ただしここで忘れてはいけないのは、火を止めても熱くなったフライパンの中に置いておくと、余熱でどんどん火が入ってしまう点です。なので最後に火を止めるタイミングも、「素材に完全に火が入る」ちょっと手前で。フライパンの中ですでに「いい状態」に仕上がると、器に盛ったときに「少し火が入りすぎ」というタイムラグがあるのです。途中で火を止めるのは全然大丈夫ですが、最後の火を止めるタイミングだけは料理に集中して判断しましょう。

# 野菜は「最小単位」で買う

自炊が続かない理由って、「料理が上手にできなかった」よりも、もしかしたら「食材を使いきれずダメにしてしまった」という罪悪感や挫折感が大きいからなのでは……なんて推測します。でも主婦歴ウン十年という方にとっても「冷蔵庫の在庫管理」はなかなか厄介な問題で、ロスを出さずに素材を上手に組み合わせて日々の献立を考えるのは、とても高度な技なのです。初心者がその失敗をしないためには、どうすればいいか。答えはひとつ。「買いたい」気持ちを抑えて、にんじんなら1本、キャベツなら4分の1個。

「たくさん入っているほうがお得そう」という誘惑に負けず、最小単位で買い物することです。とにかく冷蔵庫の在庫を増やさない。一見損しているように思えるかもしれませんが、冷蔵庫の中でシワシワになってきた野菜からの「食べてくれ～」というプレッシャー、結構辛いですよ。それよりも少なめを買って、「キャベツ4分の1個は、炒め物1回と味噌汁1回で使いきれる量」とか「にんじん1本でも、いろんな料理に使いまわせるぞ」とか、野菜を使い切る感覚をつかんでいくのです。お買い得品をまとめ買いするのは、そのあとで十分。じっくりゆっくり進めばよいのです。

# それでも「買い置き」するなら、この素材

- 価格も手ごろで、スーパーで必ず手に入る
- 保存性が高く、いろんな料理に応用できる
- 在庫のベースがあることで、料理や組み合わせ素材を考えやすい

私もストックしています！

前ページで「野菜は最小単位で買う」ことをおすすめしましたが、けれど「その日に食べる食材すべてを、毎日そのつど買う」というのは、かなり大変。荷物が重い日にスーパーに立ち寄るのもしんどいし、食材だってきれいに使いきれるとも限りません。「冷蔵庫にあの素材が残っているから、これを買って組み合わせるか〜」と、その日の献立を思い浮かべることがほとんどだと思います。そんなときに「買い置き」しておいて損のない食材は、①保存性の高さ、②汎用性の高さを満たした次の食材たちです。

野菜なら「じゃがいも」「玉ねぎ」「にんじん」。これらは上手に保存すれば、長く持ちますし、本当にいろんな料理に応用できます。しかも自分が主役でなく、脇役にも上手にまわれる野菜なので、「もうちょっと何か加えたいな」というときにとても便利。そしてたんぱく質素材なら「油揚げ」「ちりめん」「ベーコン」。これらはカットして冷凍保存すればすぐ料理に使えるし、いろんな料理の「味付け素材」としても活躍してくれます。「野菜だけのおかずでもいいけど、何かボリュームを足したいな」というときに、大助かり。次のページから、実際に私が過去に使いまわした例を紹介します。参考にしてみてください。

# 買い置き野菜なら、じゃがいも・玉ねぎ・にんじん

買い置きおすすめ①

## じゃがいも

保存方法

日の当たらない、涼しく通気性がいい場所に置けば、常温で2カ月程度はもつと言われています。日光に当たると光合成して、緑色になってしまうので注意。芽が出たら、取ってから料理しましょう。

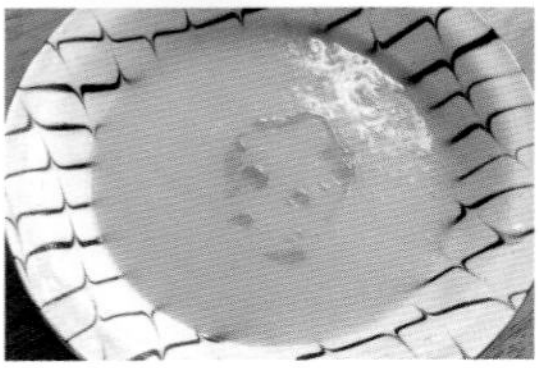

王道のポテサラ、ベイクドポテトや炒め物、スープや肉じゃがなど煮物にも、大活躍のじゃがいも。ゆでて塩をふるだけでも、小腹がすいたときのおやつに最高です。すりおろしたじゃがいもと片栗粉を混ぜて、フライパンで焼く「じゃがいももち」なんかもおいしいですよ。

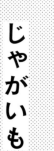

買い置きおすすめ②

# 玉ねぎ

保存方法

湿気を嫌うので、涼しくて通気性のいい場所で保管して。秋から春にかけては、常温で、夏場は新聞紙で包むか紙袋に入れて、冷蔵庫へ。きちんと保存すれば、1～2カ月もつと言われています。皮が保護膜のような役割を果たしているので、パリッとした張りのある皮の玉ねぎを選ぶようにしましょう。

スープや炒め物、サラダなど、ありとあらゆる素材に寄り添って、うま味をアップしてくれる頼れる野菜。玉ねぎみじん切りとオイル・酢・塩で作る玉ねぎドレッシングは、サラダのみならず、肉料理のトッピングとしても重宝。玉ねぎそのものを主役にしたいなら、きんぴらが◎。

買い置きおすすめ③

# にんじん

保存方法

玉ねぎとは逆に乾燥を嫌うので、新聞紙などに包んで冷蔵庫へ。きちんと保存すれば、1カ月くらいは鮮度を保つことができます。少しだけ余った場合は、せん切りや薄切りにしてフリーザーバッグに入れ、冷凍保存しておけば、炒め物や味噌汁に活用できます。

茶色や白などにかたよりがちな食卓で、パッと赤色を差してくれる彩り担当。サラダ、スープ、炒め物、蒸し物などに加えると、栄養価もアップしてうれしい。ピーラーで薄切りにしてにんじんサラダ、細切りにしてレンチンし、ナムルにするのもおすすめです。

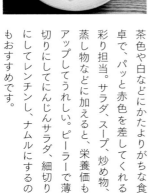

# 冷凍保存もできる、ちりめんじゃこ・油揚げ・ベーコン

買い置きおすすめ④

## ちりめんじゃこ

**保存方法**

フリーザーバッグに入れて平らにならし、空気を抜いて冷凍庫で約１カ月保存可能。凍らせてもパラパラなので少量ずつでも料理に使いやすいです。

上からパラリとふりかけるだけで、うま味と塩味を補ってくれるだけでなく、動物性たんぱく質も補給できる、頼れる素材。ごはんやうどん、素麺、パスタ類にトッピングして。サラダや冷奴にのっけて。ピーマンや青菜の炒め物、蒸し野菜や焼き野菜のアクセントにも活用したい。しらすでもＯＫ。

## 買い置きおすすめ⑤
# 油揚げ

**保存方法**

1cm幅ほどのたんざく切りにして、フリーザーバッグに入れて平らにならし、空気を抜いて冷凍庫で約1カ月保存可能。こちらも使う分だけ取り出して、料理に活用して。まわりの油分のおかげで、くっつくことはありません。

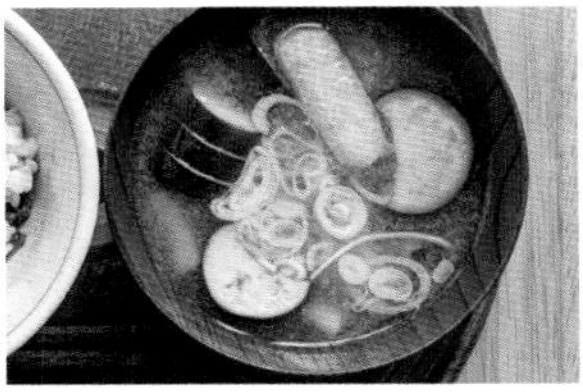

「畑のお肉」といわれるほど大豆たんぱく質が豊富な油揚げ。肉や魚の買い置きが切れたときも、おかずに追加すれば栄養価も補えます。野菜類と炒め物や煮びたしに、味噌汁の具材に、細かく切って、炊き込みごはんの具にするのもおすすめです。

## 買い置きおすすめ⑥
# ベーコン

**保存方法**

ベーコンは重なるとくっついてしまうので、食べやすい大きさにカットしたら一食分ごとに小分けにしてラップで包む。フリーザーバッグに入れて冷凍庫で約1カ月保存可能。

生肉より日もちがして、うま味・塩味も料理に活用できるベーコン。チャーハンやスープに入れたり、ベーコンエッグに活用したり。炒め物に入れるのは定番ですが、フライパンでカリカリに焼いて、サラダやあえ物のトッピングにも役立ちます。ウィンナーやハムでもOK。

# 「あまり野菜」確実消費メニューを知っておく

- たいていの野菜が、
  消費できるので
  冷蔵庫がスッキリ！
- 単品素材で作るより、
  複雑でおいしい味わいになる
- 食材ごとの
  料理を考える必要がないので、
  心理的な負担が少ない

食材は最小限で買っていたとしても、それでも野菜があまることはあると思います。にんじんが2分の1本だけ、じゃがいも1個だけ……という風に、ひとつの料理を作るには少し足りない、けれどどうにか食べきりたい野菜がちょっとずつあまっている。そんなとき、「あまり野菜を確実に消費できるメニュー」をいくつか覚えておくと、自炊生活はスムーズにまわっていくと思います。

代表料理は、何といっても味噌汁でしょう。17ページに「味噌汁は偉大なプラットフォーム」と書きましたが、どんな素材でもたいてい受け止めてくれる心強い存在です。洋野菜があまっているなら、ミネストローネでもいいですね。水で半分に割ったトマトジュースと顆粒スープの素、ベーコン、玉ねぎ、あまった野菜をサイコロ状に切って加えて10分ほど煮れば、たいていおいしく仕上がります。

次ページで紹介する「キーマカレー」「フライパングリル」は、どんな素材を入れてもほぼOK。単品だけよりいろいろな野菜を入れたほうが楽しく、味わい深くなります。そして作るのも手軽で、カレーはチャーハンやドリア、グリルはあえものや、サラダなどにも応用ができるので、まとめて多めに作るのがおすすめです。

あまり野菜も
ぜんぶ解決!

ひき肉カレーは、どんな野菜も受け止めてくれる心強い一品。「みじん切り野菜をごはん茶碗２杯」と覚えれば、応用がどんどん広がります。

# あまり野菜でキーマカレー

［材料］　２人分

あまり野菜…ごはん茶碗２杯分
（今回はミディトマト３個、ピーマン２個、しめじ¼パックを使用）
豚ひき肉…１００g
玉ねぎ…¼個
油…小さじ1
にんにくチューブ…２cm分
カレールー…２片（約40g）

1 野菜はすべて１cmの角切りにする。

2 フライパンに油、玉ねぎ、にんにくを入れて中火で３分炒める。ひき肉を入れて３分、その他の野菜を入れ、くたっとするまで３〜４分炒める。

3 水１５０mℓを加え、３分ほど煮る。カレールーを入れ、弱火にして３分ほど煮る。

今回使った野菜はこちら。他ににんじん、ブロッコリー、じゃがいも、ズッキーニ、なす、パプリカなど根菜と果菜を中心に、３種類以上をミックスするとよいです。

野菜を切って油をまわしかけ、弱火で焼くだけ。じっくり焼くことで、野菜のうま味を引き出します。

# あまり野菜でフライパングリル

【材料】 2人分

あまり野菜…ごはん茶碗2杯分
（今回はなす1本、じゃがいも1個、玉ねぎ¼個、パプリカ1個、キャベツ適量）
ウィンナー…3～4本
にんにく…1片（チューブでもよい）
油…大さじ1
塩…適量

**1** じゃがいもはひと口大に切り、耐熱容器に入れ、サッと水で表面のでんぷん質を流し、ラップをして電子レンジで2分加熱する。その他の野菜、ウィンナーもひと口大に切る。

**2** フライパンに油、縦半分に切ったにんにく、葉もの野菜以外のすべての材料を入れ、全体を混ぜ、ふたをして弱火で10～13分焼く。3分ごとに軽く混ぜ最後の3分で葉もの野菜を入れる。好みの火の通り具合で火を止め、塩をふる。

今回使った野菜はこちら。火が入りにくい根菜は、レンジで加熱してから加えて。キャベツなどの葉もの野菜は半分火が通ったところで入れます（最初から入れると焦げます）。

# 「道具」はメリハリをつけて選ぶ

- あれこれたくさんそろえないから
キッチンがすっきり
- 代用できるものを考えることで
工夫が生まれる
- 少しずつ買い足すことで
料理の楽しみが長く続く

雑誌やインターネットを見ていると、本当にたくさんの料理達人の方々がご自身の愛用道具をすすめています。デザインが素敵なものが多いし、道具をそろえれば何だか自分も料理上手になれそうな気がして、物欲がかき立てられますよね。さらに１００円ショップなんかをのぞいてみると、何やら便利そうなグッズがいっぱい。「え、これがあると役立ちそう」「安いから買っちゃおうか」なんて気軽に増やしていくと、あっという間にキッチンの収納を圧迫します。特に要注意なのが、「それにしか使えない」専用道具。買った直後、2~3回は使ったものの、そのまま引き出しに入りっぱなしというパターンも多く、しかも道具ってなかなか捨てないから、結局そのまま何十年も引き出しにいた……なんて、「実家あるある」話もよく聞きます。例えば現在20代でひとり暮らしなら、5年、10年先にどんな生活をしているかは不透明ですよね。生活スタイルが確定する前は、極力道具を増やさない方針でいるのが賢明だと思います。

次ページで、私がおすすめの料理道具を紹介します。バットやミニボウルなどは、お皿で十分代用できますし、鍋も最小限あればいい。最初からきばってそろえるよりも、自分の料理スキルの向上に合わせて、少しずつ買い足すのが楽しいですよ。

| ITEM | 汁椀 |
|---|---|
| POINT | 毎日飲む味噌汁の量を量るときは、軽量カップではなく、お椀を使って。「自分のはかり」で量を覚えると、失敗も減ります。また切った材料を入れておくのに使われるバットや小さなボウルなども、急いで買う必要はなく、その日使わない食器などで代用してOK。 |

| ITEM | トング |
|---|---|
| POINT | 菜箸が必要な場面は炒め物や揚げ物ですが、自炊初心者はきっと揚げ物はしないので、汎用性の高さを考えたら、トングのほうが断然おすすめ。2本指でつかむのが菜箸なら、手のひら全体でがっつりつかむのがトングという感じ。先端を上手に使えば、菜箸のようにも動かせます。 |

| ITEM | 鍋とフライパン |
|---|---|
| POINT | 初心者がそろえるべき調理道具はこの2つ。小さい鍋は、ひとり分の味噌汁を作るのに手頃で、ソーセージなどをさっと焼く「小さいフライパン」としても活用可。フライパンは深めでふたつきを。24cmあればパスタもゆでられ、簡単な煮込みやカレーも作れます。 |

包丁は5000円以上のものを

| ITEM | 包丁 |
|---|---|
| POINT | 安い包丁は最初は切れても、しばらく使うと例外なく切れ味が劣化します。そして包丁は処分するのも、なかなか面倒なもの。5000円以上であれば、ある程度のクオリティは保たれます……というのは、偉大な料理研究家・小林カツ代さんの本からの受け売りです（笑）。 |

まな板はプラスチックでOK

| ITEM | まな板 |
|---|---|
| POINT | ヒノキやイチョウなど天然木のまな板は憧れですが、多くのひとり暮らしは、キッチンの位置や生活時間帯などの理由で、天日干しは難しい。衛生面を考えれば、手入れのしやすくお手頃なプラスチック製で十分。大きさはキッチンのサイズに合わせて選んで。 |

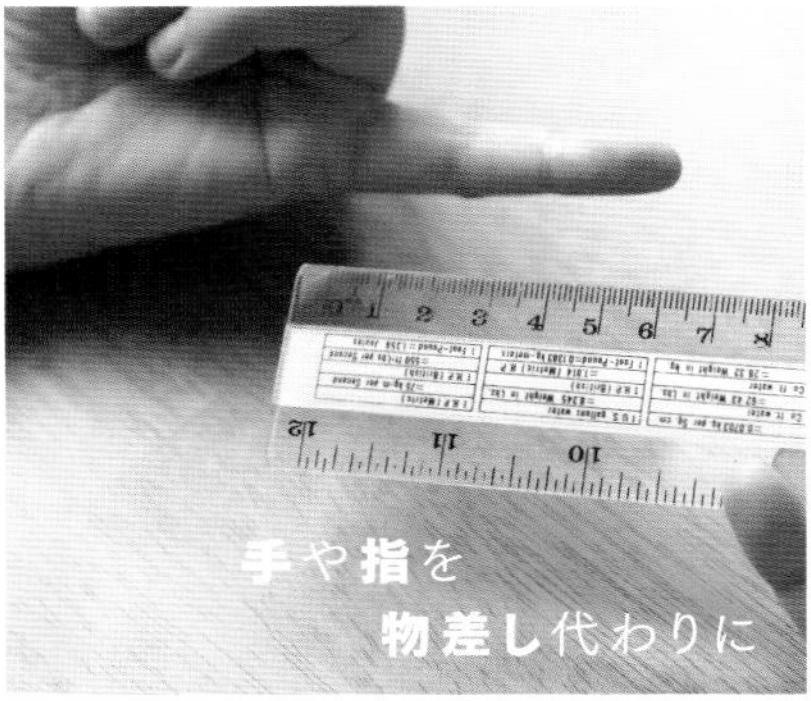

手や指を
物差し代わりに

| ITEM | 自分の指や手 |
|---|---|
| POINT | 一度自分の指の長さを「小指の第一関節まで」「小指の先から根本まで」「小指と親指をめいっぱい広げた長さ」などを計っておきましょう。料理本の表現でよく登場する「野菜を3㎝に切って」など、自分の手の大きさからおおよその検討つくと、すごく便利です。 |

# よく使う4つの器は、計アンダー7000円でそろえよう

だんだん自炊をするようになってくると、多くの人が気になってくる器。これがなかなかあなどれなくて、同じ料理でも、「作家ものの高い器」と「安価な器」に盛ったのをくらべると、前者のほうが断然「おいしそう」に見えるから不思議なのです。

けれど道具と同じく、器もいいものでそろえだしたらお金も収納スペースももちません。逆に「安いからいいや」と思い入れなく買ったものでも2年3年、ひょっとしたら10年以上、家の中に居座ってしまうものなのです。だから器も「自炊のテンションを上げるための投資」と考えて、ある程度のクオリティのものを最初にそろえましょう。といっても、何枚もそろえる必要はなく、まずは左の4アイテム。肉や魚の主菜や、カレー・パスタなどをよそえる直径21cm前後の平皿（3000円）。サラダやあえ物などの副菜が入れられる、深さのある小鉢（1000円）。それに汁椀（1500円）と飯碗（1500円）。このくらいのものを買っておけば、きっと気持ちよく長く付き合っていけるはず。この4つととことん付き合っていくと、「次はこんな器があると便利だな」と、少しずつイメージがつかめてくるはずです。

ITEM 深さのある小鉢
USE 副菜、サラダ
PRICE ¥1000まで
ITEM 縁に立ち上がりのある平皿
USE 主菜、カレー、パスタ
PRICE ¥3000まで
ITEM 手なじみのいい飯碗
USE ごはん
PRICE ¥1500まで
ITEM 落ち着いた印象の汁椀
USE 味噌汁、スープ
PRICE ¥1500まで

# 盛り付けは中央に高さを出して見栄えよく

料理をおいしそうに見せるコツとして、ちょっと覚えておくといいのは、「中央を高くして、盛り付ける」ということ。特にパスタやあえ物、マリネ料理などで使えるテクニックなのですが、平たくベターッとまんべんなく盛るよりも、高さを出したほうが断然おいしそうに見えます。料理関係者の方々からすると「何を今さら」なことですが、これ、自炊初心者が見落としがちなポイントです。料理を作るだけでなく、その料理をいざ器に盛るときに、ちょっとだけていねいに、気を配ってみてください。そうすると「あれ？　今日は何だかお店の料理みたい」「おいしそうに見えるぞ」とうれしくなり、「また作ってみよう」と思えるのです。

器にぎゅうぎゅう盛るのではなく、適度な余白をもたせるのも、心がけてみるといいですよ。

## しらすのレモンパスタ

パスタ100gを塩分1％の湯で袋の表示通りゆでる。ボウルにパスタ、ゆで汁大さじ1を入れ、好みの量のしらす、オリーブオイル大さじ1、レモン汁大さじ½を加え、塩で味を調える。

## 切り方をそろえると、味も見た目もよくなる

作る段階での「おいしそうに見えるコツ」は、「切り方をそろえる」こと。「カット野菜」(32ページ参照)で作った料理がおいしそうに見えるのは、各野菜のサイズがそろっているから。いたって普通なせん切りサラダも、「サイズがそろっている」だけで、食をそそります。野菜を切るときはまったくあせる必要はないので、ゆっくり時間をかけて、できるだけ大きさがそろうよう、切りましょう。

大きさをそろえるのは見た目以外にも利点があって、火の入り方が均一になるので、味の仕上がりもよくなります。逆にバラバラの大きさだと、「こっちは火が入りすぎてくたくたなのに、こっちは生焼け」なんてことが起こりがち。食感も均一になるので食べやすく、口の中に違和感なく、すっとなじみます。

### せん切りサラダ

大根100g、きゅうり½本はせん切りにする。ボウルに油、酢、しょうゆ各小さじ1を入れてよく混ぜ、大根、きゅうりを入れてあえる。器に盛り、かつおぶし適量をのせる。

# 自分なりの「料理の型」をつくろう

◉ その日の体調や気分によって、
食べたいものが作れる

◉ 自分の「ごはんのベース」ができ、
気持ちがどっしり落ちつく

◉ 手持ちの材料で、
その日ごとの料理が作っていける

ツイッターの「きょうの140字ごはん」で有名な寿木けいさんの著書『いつものごはんは、きほんの10品あればいい』（小学館）や、料理家・上田淳子さんの著書『子どもはレシピ10個で育つ。』（光文社）の本を読みました。この2冊の本に書かれていることは、「自分の作りやすい、得意な料理の型を10個ほど決めて、食材を取りかえながら日々やりくりをしていこう」という知恵です。確かに私も、「日々自分や家族のためにくり返し作っているのは、10品くらいの料理しかないな」とうなずきました。定番の10品を軸に、その日冷蔵庫にある食材をあてはめ、調味料を換えたり、切り方を換えたりしてアレンジすればよいだけ。そうやって作っていったものたちが、その家の「名もなき料理」になっていくのです。

この世にレシピは無限にありますが、自分や家族が好きなものは限られてくるはず。そして毎回料理本や料理アプリを開いて分量を確認するのは、なかなか大変です。最初はレシピを見ながら作っていても、そのうちに自然に手が動いてしまうくらいに体が覚えた料理。そういうものを普段のごはんの軸にしたら、毎日の自炊がスムーズになるはずです。123ページから、私の日々ごはんのベースになっている10品をご紹介します。あなたの10品を見つけていくときの、参考にしてみてください。

# 私・山口祐加の「料理の型10品」

1. 具だくさん味噌汁
2. お刺身の薬味あえ
3. 肉野菜炒め
4. しらす（ちりめん）を使った料理
5. ざざっとサラダ
6. 焼き野菜、ゆで野菜
7. オイル蒸し
8. 酢の物
9. 煮びたし・焼きびたし・揚げびたし
10. 汁麺

### 1　具だくさんの味噌汁

ツイッターに投稿している「＃今日の一汁一菜」でもいちばん登場するのがこちら。旬の野菜はもちろん、肉や魚などのたんぱく質も入れて、主菜と汁ものを兼ねる役割に。だからうちの冷凍庫には、油揚げとカット豚バラ肉が常備されています。

### 2　お刺身の薬味あえ

子どものころからの好物、お刺身。サクで買うと結構な量があるので、半分は普通にしょうゆで食べて、半分は薬味類とあえて漬けておくことが多いです。ごはんにも合うし、お酒のアテにも最高。しょうゆ＋みりんの甘辛味は鉄板ですし、ポン酢＋ごま油もさっぱりして◎。

## ③ 肉野菜炒め

「おかずに困ったな～」というときは、豚バラ肉とその日冷蔵庫にある野菜で炒め物にします。味付けはしょうゆのみ、塩のみ、しょうゆ＋みりん、ナンプラー、オイスターソースなど。気分でにんにくやしょうがで香りをつけたり、ラー油や唐辛子で辛くしても。

## ④ しらす（ちりめん）を使った料理

しらすまたはちりめんじゃこも、必ず常備している素材（104ページ参照）。あえ物に炒め物、サラダ、麺類に入れると、たんぱく質の補給にもなります。ごはんにかけてもいいし、パンにのせても。和洋中、どの味付けにも合わせやすいので重宝しています。

## ⑤ ざざっとサラダ

葉野菜をざくざく切って、その上にどさっと味付き素材をのっけるのを「ざざっとサラダ」と呼んでいます。例えば小松菜を食べやすいサイズに切って、しらすとごまをのせ、ポン酢とごま油をかける。レタスの上に塩こしょうで炒めたまいたけをのっける、などなど。

## ⑥ 焼き野菜、ゆで野菜

やる気が出ない、切るのも面倒くさいというときは、野菜をまるごと焼いただけ、ゆでただけの料理を。ゆでた菜の花にオリーブオイルと塩、ごま油で丸ごと焼いたピーマンにしょうゆとかつおぶし。こんなに単純なのに最高においしい料理は、家でしか食べられません。

### 7 オイル蒸し

こちらは88ページで紹介した調理法。野菜をオリーブオイルでゆっくり蒸し、うま味をじっくり引き出し、くたくたの食感に仕上げます。かさが減るのでたっぷり野菜が食べられるし、鍋まかせで手軽に作れます。何といっても野菜が甘くておいしい！

### 8 酢の物

「何だかしょうゆ系のおかずが多いな」と感じたときに作ることが多い酢の物。塩もみきゅうりにわかめ、あればしらすやタコの刺身も入れて。味付けはおいしい酢と砂糖、塩。ちょっと多めに作っておけば、深夜におなかがすいたときにもつまめます。

### 9 煮びたし・焼きびたし・揚げびたし

代表は84ページで紹介している「煮込まない煮物」。出汁：しょうゆ：みりん＝10：1：1の割合の煮汁で、さっと煮た一品。10分もあればできてしまうのに、玄人らしい仕上がり。焼いた、揚げた野菜をこの煮汁につけておけば、翌日のごちそうにも。

### 10 汁麺

家にいるときは、鶏ガラからゆっくり出汁をとって、ラーメンを作るのが好きです（131ページ参照）。大してお金はかかりませんが、この1杯を食べるために時間をかけて作っていることがぜいたくで楽しいのです。こんな「出汁」を主役にした汁麺が、私の心の潤いです。

# 「買い物の型」があれば無駄が出ない

- 「型」を決めることで、買い物時間のスピードアップ
- 余計な在庫を持たないことで素材もお金もムダなし
- 素材の「やりくり能力」が格段に伸びる

「型」があるといいのは、料理だけでなく「買い物」も一緒です。99ページにも書きましたが、食材マネジメントは、ベテラン主婦ですらやっかいな問題。けれどもスーパーに出かければ、各所で「特売品」の文字が誘惑してきます。気付いたら買い物カゴが山盛り……となるのも当然です。

そこで「買い物の型」を決めてしまうのです。私が料理初心者におすすめしているのは、3日ほどの食材をまとめ買いすること。例えばひとり暮らしなら、「持ちがいい野菜が1品」＋「すぐに食べ切る野菜2〜3品」＋「3日分の肉または魚」＋「その他、納豆・じゃこ・油揚げなど名脇役素材」と、型を決めてしまうのです。そして3日分の献立を、この中でやりくりします。こうやって買う物を制限してしまうと、最初は「これだけしか買えないなんてキツイな」と感じると思いますが、手持ちの食材を何とか上手く使い切ろうと工夫しますし、制限があるからこそ、素材の新しい食べ方や組み合わせ方が生まれたりします。

このやり方をしばらく実践してみると、買い物の無駄が一気に減るだけでなく、「やりくり能力」という自炊力が、格段に上がります。次ページで買い物例と、そこから私が考えた献立例を挙げてみました。なお拙著『週3レシピ』では、この買い物と料理の具体的な組み合わせをさらに詳しく紹介しています。

## 買い物の型①

**買い物例①**

- ○玉ねぎ…1個
- ○小松菜…1束
- ○ブロッコリー…1個
- ○鶏もも肉…1枚
- ○厚揚げ…1枚
- ○卵…2個

**1日目**

**鶏と玉ねぎのおろし煮**
**＋**
**小松菜と厚揚げの味噌汁**

←

**2日目**

**ブロッコリーと鶏肉の中華炒め**
**＋**
**小松菜の卵スープ**

←

**3日目**

**小松菜と厚揚げの煮びたし**
**＋**
**ブロッコリーと卵の味噌汁**

主菜は鶏肉1枚を2日に分け、最終日は厚揚げを活用します。煮物→炒め物→煮物で変化をつけ、味噌汁やスープなど汁物にもたんぱく質を入れれば、一汁一菜でも満足な味わいに。

## 買い物の型②

**買い物例②**

- ○じゃがいも…1個
- ○なす…2本
- ○ピーマン…1袋
- ○豚バラ薄切り肉…150g
- ○油揚げ…1枚
- ○カットねぎ…1パック
- ○ちりめんじゃこ…1パック

**1日目**

**じゃこピーマン**
＋
**じゃがいもと油揚げの味噌汁**

**2日目**

**豚バラとなす、ピーマンの味噌炒め**
＋
**卵スープのカットねぎのせ**

**3日目**

**じゃこと油揚げ、ねぎのチャーハン**
＋
**焼きなすの味噌汁**

お肉は2日目のみですが、油揚げ、じゃこなどを効果的に使えば、さみしいごはんになりません。3日目、なすはさっと焼いてから味噌汁にすると、香ばしく満足度もアップします。

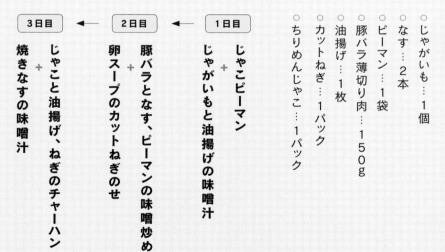

# 自分なりの「ゼイタクめし」で、自炊にときめきを

　ここまで、ちょっとのコツでも結構幸せになれる自炊のコツをいろいろなかたちでお伝えしてきました。この先はちょっと趣向を変えて、私が考える「ゼイタクめし」をご紹介します。ぜいたくといっても、すごい高級食材を使うわけではなく、私なりのぜいたくを込めたレシピです。

　たとえば隣ページの「ぜいたく鶏ガララーメン」は、鶏ガラも麺も１００円程度なのですが、「この一杯を食べるために、時間をかけて作っていること」が、ぜいたくで楽しい。また定番のポテサラも、１３２ページのように具材を工夫してみて、いい感じの居酒屋で登場するような一品にしてみると、これまた新しい発見があって楽しい。

　そう、料理って、一度「自分がときめくポイント」を見つけてしまえば、無限に楽しみを広げていけるジャンルなのです。安い食材も安いなりに、その中でも工夫して「おいしいもの」を作れます。お金をかけてもかけなくても楽しめるもの。作ったあとは、自分で食べたらうれしいし、人にふるまえば喜ばれる。こんなにいいことはありません。好きこそ、ものの上手なれ。ぜひ日々の自炊にも、ときめきを取り入れてください。

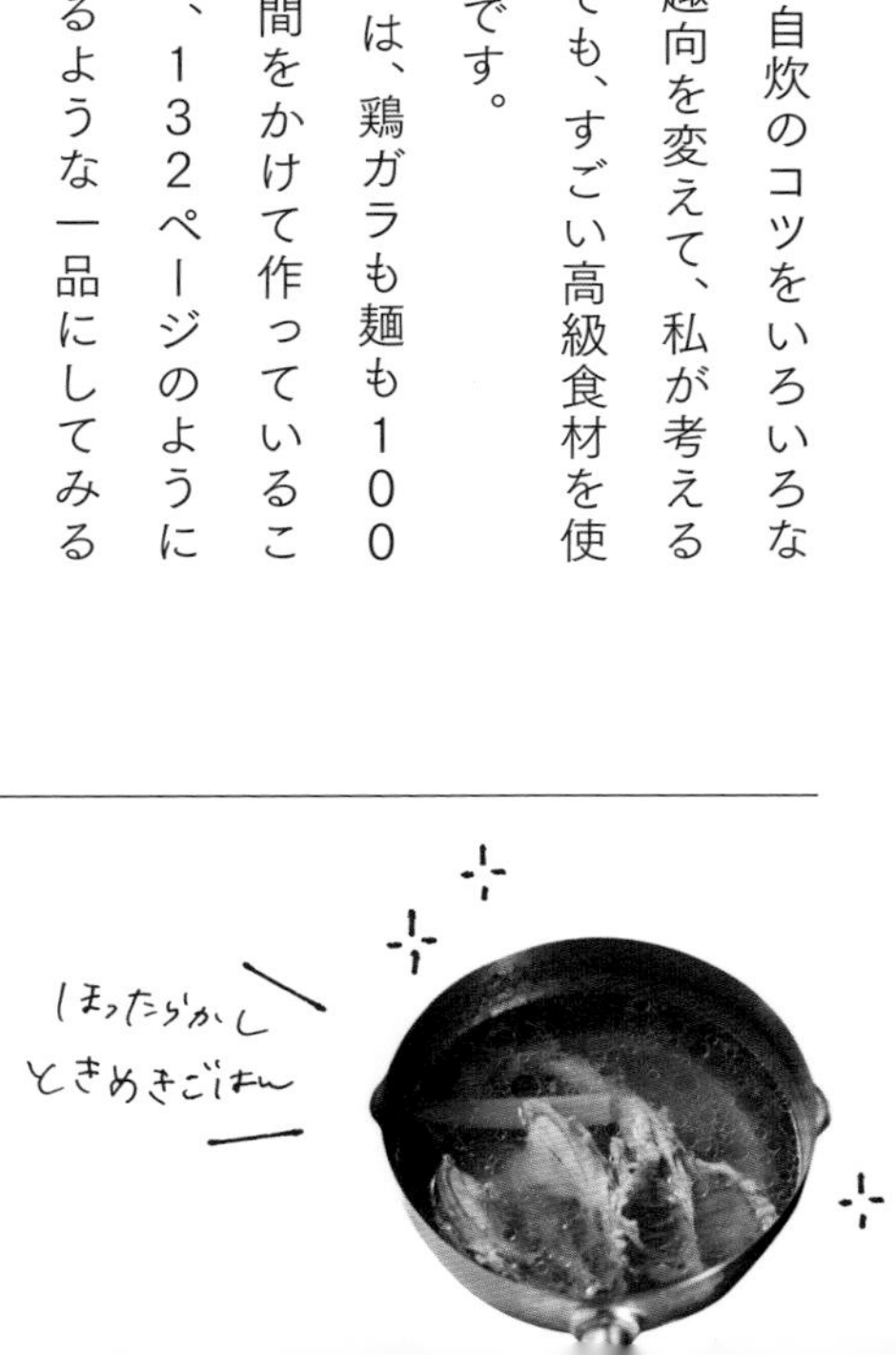

原価は数百円。されど時間をかけることで、ぜいたくな一品に。あまった鶏スープは小分けにして冷凍しておくと便利です。

# ぜいたく鶏ガララーメン

［材料］作りやすい分量

鶏ガラ…1羽分

A 長ねぎ（青い部分）…1本分
しょうが（薄切り）…3枚
（にんにく1片でも可）
酒…大さじ2

中華麺…1玉

カットねぎ…適量

**1** 鶏ガラ全体に熱湯をかけ、流水で血のかたまりは取り除く。

**2** 大鍋に鶏ガラ、**A**、鶏ガラがかくれるほどの水（約1.5ℓ）を入れ、中火にかける。沸騰したら弱火にし、ときどきアクを取りながら1時間ほど煮る。水が減ってきたらそのつど少しずつ足す。

**3** ラーメン1杯分のスープを別の小鍋に取り、好みの濃さになるようしょうゆ、塩（分量外）で調味する。ゆでた中華麺を器に盛り、スープを注ぎ、カットねぎをのせる。

熱湯をかけることでくさみを取り、さらに流水で骨にこびりついている血合いや汚れを洗い落とします。このひと手間をかけることで、アクがぐんと少なくなります。ねぎとしょうがのほか、にんにくを加えてもいいし、長ねぎの代わりにセロリを加えると洋風スープに。

# ぜいたくポテサラ

食卓にあるだけでうれしく、
お酒のつまみにも
ぴったりのポテサラ。
具材を変え、
調味料を変えるだけで、
いろんな味わいが
楽しめます。
マヨは少なめか使わず、
さっぱりと食べられる
味わいを考えました。

**ポテサラのベース**
**（3レシピ共通）**

じゃがいも2個は皮をむき、1.5〜2㎝幅のいちょう切りにする。耐熱容器に入れ、さっと水で表面のでんぷん質を流し、ラップをして電子レンジで7〜8分加熱する。つぶせるくらいに火が通ったら、熱いうちに好みの粗さにつぶす。

## カリカリベーコン×マヨ味ポテサラ

［材料］作りやすい分量
ポテサラのベース…全量
ハーフベーコン…4枚
マヨネーズ…大さじ1〜2
こしょう…適量

1 ベーコンは5㎜幅に切る。フライパンに入れ、少し焦げ目がつくまで弱火で3〜4分焼く。

2 ポテサラのベースに1を加え、マヨネーズを好みのまとまり感が出るまで入れて混ぜる。多めにこしょうをふる。

## オイルサーディン × 洋風味ポテサラ

［材料］ 作りやすい分量

ポテサラのベース…全量
オイルサーディン缶…½缶（約50g）
玉ねぎ…⅛個
パセリ…適量
**A** レモン汁…小さじ1
オリーブオイル…大さじ1と½
塩…ひとつまみ

**1** 玉ねぎ、パセリはみじん切りにする。

**2** ポテサラのベースにオイルサーディンを加え、ヘラでくずす。1、**A**を加え、全体を混ぜる。

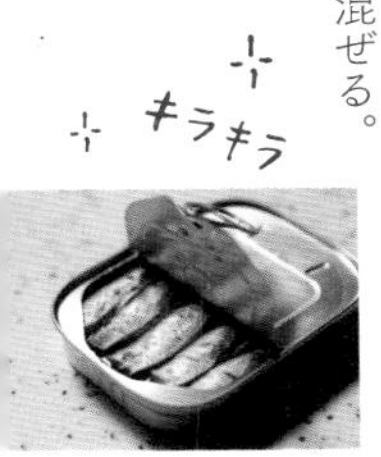

## 鶏そぼろ × 和風味ポテサラ

［材料］ 作りやすい分量

ポテサラのベース…全量
鶏ひき肉…100g
めんつゆ…大さじ2
**A** 油…大さじ1
酢…小さじ1
カットねぎ…適量

**1** 鍋にひき肉とめんつゆを入れて全体を混ぜ、中火にかけ汁けを飛ばすように5〜6分炒める。

**2** ポテサラのベースに1の⅓量、**A**を加え、全体を混ぜる。器に盛り、ねぎをのせる。

白身魚に加え、あさりまで使ってしまうぜいたくメニュー。めちゃくちゃ簡単なのに失敗せず、おもてなしにも大活躍です。

# アクアパッツァ

［材料］作りやすい分量

白身魚の切り身（鯛、すずきなど）…2枚
玉ねぎ…⅛個
ミディトマト…2個
あさり（砂抜きしたもの）…150g
オリーブオイル…小さじ2
**A** 酒…大さじ1
　にんにくチューブ…2cm分
**B** オリーブオイル、パセリ、こしょう…各適量

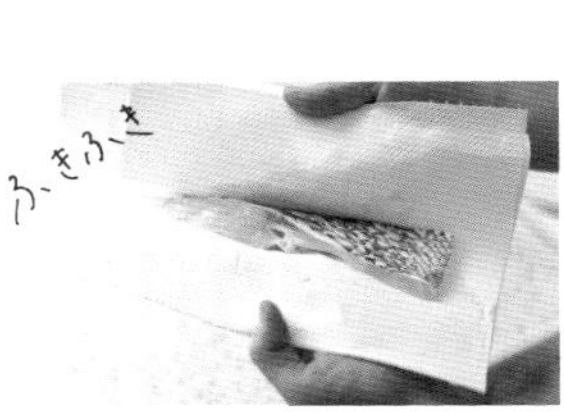


**1** 切り身1枚に対し塩ひとつまみ（分量外）をふりかけ、10分ほど置く。キッチンペーパーで表面の水けを拭く。玉ねぎ、パセリはみじん切り、トマトは4等分に切る。

**2** フライパンにオリーブオイルと皮目から魚を入れ、中火で3分ほど焼く。

**3** 魚をひっくり返してあさり、**A**、水50㎖を加えてふたをし、中火で2分ほど焼く。

**4** トマト、玉ねぎを加えてふたをし、中火で2分ほど焼く。器に盛り、お好みで**B**を加える。

缶詰の中でもダントツ高級品のかに缶ですが、たまに使うとリッチな気分に。汁ごとすべて活用して、お腹にもやさしい雑炊はいかがでしょう。

## かに雑炊

［材料］作りやすい分量

かに缶…1缶（約70g）
炊いたごはん…茶碗½杯
卵…1個
カットねぎ…適量

1 鍋にかに缶汁ごと、ごはん、水100mlを入れ、中火で5分ほど煮る。

2 ごはんが水けを吸い、雑炊っぽくなったら溶いた卵を入れ、30秒ほどゆっくり混ぜる。器に盛り、ねぎをのせる。

# 自分の心と体にフィットした料理を

「料理上手」とは、どういう意味でしょう。

見た目も美しい、凝った料理をおいしく作れる能力でしょうか。それとも、いろんな国の料理、数多くのレシピを頭に入れていること？　私の定義はちょっと違っていて、レシピ通りに料理を作れることよりも、食材の在庫や自分の体力・体調、季節やお天気、お財布の余裕などと相談しながら、「その日の最適解」を導ける能力だと考えます。

今、「忙しい」と感じて過ごしている人が多いですよね。ライフスタイルも本当にさまざまです。だからこそ、日々、手持ちの食材や調味料生かして料理するだけでなく、気力、体力に余裕がない日は、冷凍食材やカット野菜に頼ることもアリ。「もう今日は何も考えたくない！」という日は外食したり、お惣菜を買ってきたりして、ビールでも飲みながら自分に「お疲れさま！」と言いましょう。

決して、「品数の多さ」「手数の多さ」＝「豊かさ」という価値感に縛られないでほしいと思っています。その日の自分のご機嫌を取りつつ、外食や中食（お惣菜やお弁当など、調理済みの食品を自宅で食べること）を上手に活用し

ながら、楽しく「お家ごはん」を続ける能力。それこそが、今の時代の「料理上手」だと思うのです。

自炊を続けるにはある程度、自分がラクに続けられる基本のスタイルがあるほうがいいと思います。私にとっての基本のスタイルは、「一汁一菜」。毎日、わが家の一汁一菜をツイッターやnoteで発信してきたら（4～7ページに、その様子を一部紹介しています）、たくさんの人から「こんな感じでいいんだ」「このくらいならマネできそう」「品数は少ないけど、何だか生活が整いそう」など、たくさんの反響をいただきました。

たまたま私の生活には一汁一菜が合っていましたが、一汁一飯でも麺料理でも、一汁二菜でも、自分にとって心地よい食卓であれば十分です。「お家ごはん」に、世間の常識や正しさを持ち込んでしまっては、息が詰まります。自分と家族が、ほどほどに満足できればそれでOKです。

これは私の体感なのですが、日々のごはんは「それなりにおいしいもの60％」「結構おいしいもの30％」「ご褒美になるような、特別おいしいもの10％」くらいの配分でちょうどいい気がしています。毎日豪勢な食事をしていては、体も心も長続きしないと思うのです。

# 最初から上手くできてはつまらない

この仕事をしていると「簡単な料理を教えてください」とよく言われます。私自身、高度な技術が必要な料理は作れないので、結果的に簡単な料理をレシピとして世の中に紹介しています。けれどシンプルだからこそごまかしが効かなくて、逆に「難しいな」と思うことも多いのです。

例えばツナ缶と野菜を混ぜただけの料理でも、野菜の切り方によって食感が変わります。野菜に塩を先にふるか、後からふるかで、しんなりしたり、パリッとした食感になったりと変化します。

自炊初心者は、先にそんなことを言われると、「ややこしそう」「失敗しそうでイヤだな」と躊躇してしまうかもしれませんが、まずは臆せずやってみませんか？　初めのひと漕ぎで自転車に乗れる人がいないように、料理だって最初から上手にできるはずはありません。ちょっとずつ上達するから面白いのであって、最初からパーフェクトにできてしまっては、逆につまらないはず。「失敗上等！」くらいのテンションがちょうどいいのです。

では、どうすれば料理上手になれるのでしょう？　私は、①どうしたらおいしくなりそうかを、作る前にイメージすること、②レシピにとらわれず、調

理しながら変化する食材をしっかり見ながら料理すること、のふたつが大事だと思っています。

自炊が楽しく続いている人を見ていると、「実験精神」が強いなあと感じます。毎回の料理を「こうやったら、おいしくなりそう」と仮説を立てて、検証していく。イメージ通りにできなければ、どうすればもっとイメージに近づくかを考える。レシピという「正解」に寄せていくのではなく、「自分好みの味」はどう作れるかを第一に考えている印象です。

ある程度料理が上達してきたら、レシピの調理時間や調味料の量にとらわれず、目の前で変化する素材と息を合わせて手を動かしていく。料理の楽しさは、自分の感覚を信じながら、ジャズのようにその場の流れを読み、最終的に「いい感じ」の着地を目指すこと。もし着地が上手くいかなかったとしても、その経験を次回に生かせばいいし、料理するプロセスが楽しければ、その時点で満足感は自然と得られているはずです。

微細な味のよしあしは、正直どっちでもいい。「自分の料理」を作れたことが楽しいし、作れた自分のことを「何かいい感じ」「私、頑張ってる〜」と思えただけで、あなたの自炊は大成功。料理って、自炊って、そういうものだと思うのです。

# 普通のごはんが、いちばん大事

この本は、コロナ禍の自粛期間の直後に制作がスタートしました。編集さんたちと「出かけられないのは辛かったよね」「家にこもるのきつかった～」などと会話していると、そんな不安な毎日のなかでも「料理することで、心が安定してた気がする」という話になりました。

この先仕事がどうなるのか分からない、病気にかかったらどうしようと不安になったときも、キッチンに立って、簡単な味噌汁や野菜炒めを作っているだけで、何だか心が落ち着いてきて「ま、今日も何とか頑張れそう」と思えてくる。実際に、自炊レッスンの受講者さんからも「ラクな自炊を習っていて本当によかった。自分のごはんに助けられた」と連絡をいただきました。そんな話を聞いているうちに、改めて「自炊はすごいな」と、実感しました。

自粛期間があけて、しばらくたったころ。「さすがに自分の味に飽きたな」と思い、久しぶりに居酒屋で外食したときのこと。すごく楽しみにしていたのですが、ひと口食べると、味が濃くてびっくり！　おいしいけれど、食べ続けると何だか疲れる感じがしたのです。家で食べる、地味でほどほどにおいしい料理、普通の日のホッとするごはんが、自分の体を作るベースになって

いるんだなと、再確認しました。

「自炊は、心と体を養うもの」。

特別なものを作る必要はありません。季節の素材とお気に入りの調味料で、簡単に焼いたり煮たりするだけでいい。ときどきうまく休みを入れながらも、小さな自信を積み重ねていくことで、体の芯がどっしりしていく。自炊が「本来の自分に帰れるよりどころ」となる。そうなれば、少しぐらい仕事がしんどかろうが、踏ん張れると思うのです。

変化の多い世の中で、どこに行こうが、誰と暮らそうが、ひとりで生きていこうが、「自分のごはんが、いちばんおいしい」と思えたら、これほど心強いことはありませんよ。今日家に帰って、味噌汁を作るところから、ぜひ始めてみてください。

ようこそ、楽しい自炊の世界へ。

**山口祐加**（やまぐちゆか）

1992年生まれ。出版社、食のPR会社を経てフリーランスに。料理初心者に向けた料理教室「自炊レッスン」や、セミナー、出張社食、執筆業、動画配信などを通し、自炊する人を増やすために幅広く活動を行う。noteでは現在2万人のフォロワーがおり、気軽に始めて楽しく続けるための自炊のコツを発信中。著書に『週3レシピ 家ごはんはこれくらいがちょうどいい。』（実業之日本社）がある。本書で紹介した調理道具や器についてはYoutubeのチャンネル「山口ユカの自炊レッスン」で具体的に解説している。

Twitter / Instagram / note @yucca88


---


**ちょっとのコツで**
**けっこう幸せになる自炊生活**

2020年12月12日 初版第一刷発行

著　者　山口祐加
発行者　澤井聖一
発行所　株式会社エクスナレッジ
〒106-0032
東京都港区六本木7-2-26
https://www.xknowledge.co.jp/

問い合わせ先
編　集　TEL 03-3403-6796
FAX 03-3403-1345
info@xknowledge.co.jp
販　売　TEL 03-3403-1321
FAX 03-3403-1829